工业物联网

应用与实践

孙昕炜 李 江 王恒心 主 编

谢光直 王信约 叶俊卿 张敬祥 副主编

清华大学出版社

北 京

内 容 简 介

本书在编写思路上打破了基于知识点结构的传统课程架构,力求建立以项目为核心,以兴趣为导向的课程思路,倡导"先做后学、边做边学"的学习方式。

全书以智慧工厂为应用场景,通过对智慧工厂设备安装与配置、无线传感网系统搭建与开发、工业物联网生产系统设计与应用、工业物联网云平台应用四个项目的实践与理论的讲解,提升读者的物联网安装调试与运维能力。

本书可用作职业教育物联网及相关专业核心课程的教材,也可作为从事物联网项目安装与调试、物联网项目运行与维护、物联网项目售后技术支持相关人员和物联网技术爱好者的参考用书。

版权所有,侵权必究。举报: 010-62782989,beiqinquan@tup.tsinghua.edu.cn。

图书在版编目(CIP)数据

工业物联网应用与实践 / 孙昕炜,李江,王恒心主编 . 一北京:清华大学出版社,2022.8
ISBN 978-7-302-61460-9

Ⅰ . ①工… Ⅱ . ①孙… ②李… ③王… Ⅲ . ①物联网—应用—工业企业管理 Ⅳ . ① F406-39

中国版本图书馆 CIP 数据核字 (2022) 第 135955 号

责任编辑:袁金敏
封面设计:杨玉兰
版式设计:方加青
责任校对:徐俊伟
责任印制:宋 林

出版发行:清华大学出版社
   网 址:http://www.tup.com.cn,http://www.wqbook.com
   地 址:北京清华大学学研大厦 A 座   邮 编:100084
   社 总 机:010-83470000   邮 购:010-62786544
   投稿与读者服务:010-62776969,c-service@tup.tsinghua.edu.cn
   质 量 反 馈:010-62772015,zhiliang@tup.tsinghua.edu.cn
印 装 者:北京嘉实印刷有限公司
经 销:全国新华书店
开 本:188mm×260mm   印 张:17.5   字 数:386 千字
版 次:2022 年 8 月第 1 版   印 次:2022 年 8 月第 1 次印刷
定 价:57.00 元

产品编号:098378-01

前　言

以新一代信息技术为代表的全球性科技革命，因其强大的渗透力、融合力和驱动力，正在工业、服务业领域进行深刻而颠覆式的变革。数字技术赋能产业转型升级已成为共识。智能经济与产业深度融合将是区域经济发展的大趋势，尤其是物联网、大数据、云计算、人工智能、5G和区块链等数字技术的广泛应用，更为产业与经济的腾飞插上了翅膀。

目前，物联网已呈全球发展趋势，其发展将会涵盖几乎所有的领域。随着物联网时代的来临，为迅速抢占物联网先机，众多新型的企业将会纷纷崛起，使得物联网行业呈现"井喷"的发展状态，但这也导致该行业人才出现严重的短缺。而当前许多相关院校因缺乏可直接借鉴的成功经验，在专业建设中不免暴露出课程体系未能打破学科壁垒、教学内容与实际岗位需求脱节、缺乏教材和教学资源等诸多问题，导致培养的学生不能满足产业发展的要求。

在此背景下，我们开发适用的教材，以顺应社会发展、师生发展的需要。

本书内容

全书共设计智慧工厂设备安装与配置、无线传感网系统搭建与开发、工业物联网生产系统设计与应用、工业物联网云平台应用四个教学项目。每个项目又分为若干任务，每个任务包含任务描述、任务工单与准备、任务实施、知识提炼、任务评估、拓展练习等教学环节。通过任务式的操作，读者获得直观、贴近实际的体验，并在此基础上深化基础知识与技术的学习。这一流程的设计遵循"先感性后理性、先具体后抽象"的认知特点，注重学习能力的培养，为后续专业发展服务。

本书特色

本书设计充分体现"做中学""学中做"理念，通过应用情境的故事化和项目设计的趣味性来培养学生的学习兴趣，摒弃空洞的理论讲解，借助大量的操作实践来提升物联网安装与调试能力。教材以教学项目的实施为主线，注重实践性，通过在任务中穿插与之关联的知识链接来扩充学生的知识量，在任务实施中强调工匠精神和职业素养的渗透。

教材编写工作由具有项目实战能力的企业工程师和具有丰富教学经验的院校骨干专业教师组成开发团队来完成。在开发过程中引入企业项目资源，结合学校所积累的教学经验，通过校企合作的方式来保障教材内容的科学性、新颖性和适用性。

本书可用于职业教育物联网及相关专业核心课程的教材，也可作为从事物联网项目安装与调试、物联网项目运行与维护、物联网项目售后技术支持职业岗位人员和物联网技术爱好者的参考用书。

教学建议

本书建议教师采用"理实一体化"的教学环境，尽可能在互动的环节中完成教学任务，教学参考学时数为64课时（见下表）。最终课时的安排，教师可根据培训教学计划的安排、教学方式的选择（集中学习或分散学习）、教学内容的增删等进行自行调节。

项目	任务	课时
项目1　智慧工厂设备安装与配置	任务1 工业环境监测系统安装与调试	4
	任务2 工业安防设备安装与检测	4
	任务3 工业产品老化测试系统安装与测试	4
项目2　无线传感网系统搭建与开发	任务1 ZigBee环境配置与组网	6
	任务2 ZigBee无线环境监测系统程序应用与调试	6
	任务3 ZigBee RS-485通信程序开发	6
项目3　工业物联网生产系统设计与应用	任务1 工业物联网恒温控制系统安装与调试	4
	任务2 工业物联网射频控制系统安装与调试	4
	任务3 工业物联网机械滑台控制系统安装与调试	6
	任务4 工业物联网热贴合生产线安装与调试	6
项目4　工业物联网云平台应用	任务1 工业物联网云平台基础配置	4
	任务2 工业物联网数据可视化应用	4
	任务3 OneNET云平台应用	6

编者与致谢

本书由孙昕炜、李江、王恒心主编，王恒心主审。其中，项目1由王信约编写；项目2由李江、张敬祥编写；项目3由王恒心、谢光直编写；项目4由孙昕炜、叶俊卿编写。本书还得到许多行业、教育专家的大力支持和帮助，在此表示衷心的感谢。

由于作者水平有限，加上物联网技术发展日新月异，书中难免存在错误或疏漏，敬请广大读者批评指正。

目　录

项目 1

智慧工厂设备安装与配置

智慧工厂是现代工厂信息化发展的新阶段，其在数字化工厂的基础上，利用物联网的技术和设备监控技术加强信息管理和服务，提高生产过程的可控性，减少人工干预，实时正确地采集生产线数据，合理地制订生产计划与生产进度。

小李是本项目实施人员，他在工作中运用专业知识与技能，以智慧工厂的应用需求为引导，在特定场景中凭借规范、严谨的专业素养，完成工业环境监控系统的安装与检测、工业安防设备的安装与检测和工业产品老化测试系统的安装与测试。

通过对本项目的学习，读者能够根据智慧工厂应用需求完成各类物联网设备的安装、配置和运行维护。能够理解噪声、水浸等传感器的功能、分类与特性，了解按钮、电工推杆等设备的基本情况和老化测试的方法；能够熟悉各类标准紧固件的特点与作用；能够了解PLC的硬件组成和ADAM4017模拟量输入模块的技术参数和配置要求；知晓国家关于噪声污染防治的相关法规。读者在实践环节中要不断增强协作能力，提高劳动规范和用电安全意识。

1.1 任务 1 工业环境监测系统安装与调试

1.1.1 任务描述

噪声污染是环境污染的主要成分，噪声不仅会扰乱工业企业厂界周围居民的正常生活环境，也会威胁到人体的健康。要想对噪声污染进行治理，就要先对工业企业环境噪声进行监测，物联网技术可以实现实时数据监测。现要求工业物联网实施人员小李根据建设单位的需求在现场完成工业环境监测系统设备的安装与调试。

任务实施之前，通过与建设单位积极有效的沟通，了解建设方的需求，认真勘测施工环境，按需选用物联网终端，并确定安装位置；根据任务需求设计任务工单要求和系统设计图，充分做好实施前的准备工作。

任务实施过程中，首先，仔细研读任务工单和系统设计图，使用线槽、接线端子等部件规范工程布线；其次，安装噪声传感器、警报灯、电源模块等设备，实现设备与电源的线路连接，并使用万用表检测连通性；最后，完成工业环境监测系统的调试。

任务实施之后，进一步了解ADAM4017模拟量输入模块的技术参数和配置要求，理解噪声传感器的功能、分类与特性，知晓国家关于噪声污染防治的相关法规。

1.1.2 任务工单与准备

1.1.2.1 任务工单

任务名称	工业环境监测系统安装与调试				
负责人姓名	李××		联系方式	135×××××××	
实施日期	2022年×月×日		预计工时	110min	
工作场地情况	室内生产现场，面积较大的空间；水电已通；普通装修				
工作内容					
设备选型	设备	型号	产品图片	设备	型号	产品图片
	噪声传感器	VMS-3002-ZS-V05		断路器	NXBLE-32-C6	

设备选型	单相电子式电能表	DDSU666		开关电源	DR-60-24	
	4017模拟信号采集器	ADAM-4017		USB转RS-485	LX08H	

进度安排	工序	工业环境监测系统设备布局及安装		时间安排
	①	工业环境监测系统设备布局及安装		30min
	②	工业环境监测系统线路连接并检查线路		40min
	③	设备协议配置与通信		20min
	④	测试后的调整与优化		20min
结果评估（自评）	完成 □　基本完成 □　未完成 □　未开工 □			
情况说明				
客户评估	很满意 □　满意 □　不满意 □　很不满意 □			
客户签字				
公司评估	优秀 □　良好 □　合格 □　不合格 □			

1.1.2.2　任务准备

1．明确任务要求

通过与建设单位的沟通，明确本次任务是监测企业车间的噪声。勘测施工环境后，决定采用壁挂式噪声传感器进行噪声信号采集，传感器可以安装在车间墙壁上。噪声传感器可以通过信号采集器，经USB转RS-485，将数据上传到计算机的上位机软件，实现实时监测。

2．检查环境、设备

（1）确认工作环境安全，排除用电安全隐患。

（2）设计并检查系统设计图是否正确。

（3）检查设备外观、功能是否正常。

3. 安排好人员分工和时间进度

本任务可以安排一名设备调试员进行操作，预计用时110min。其中30min进行工业环境监测系统的设备布局及安装，40min进行工业环境监测系统的线路连接及线路检查，20min进行设备协议配置与通信，20min进行测试后的调整与优化。

1.1.3　任务实施

1.1.3.1　工业环境监测系统硬件安装

根据图1-1所示的设备布局图安装设备，要求设备安装牢固，布局合理。

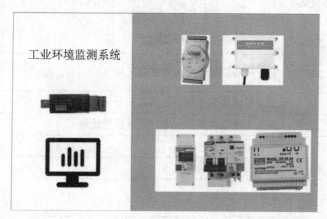

图1-1　工业环境监测系统布局图

1. 安装线槽

（1）挑选线槽。

线槽布线是一种较重要的布线方式，制造线槽的材料有钢、PVC、铝等，在本任务中使用的是矩形PVC绝缘配线槽，如图1-2所示，这种配线槽侧面和底部均有开孔，因此不用手枪钻也能方便地将配线槽固定到实训架上。整体构造由槽底和槽盖组成，槽盖以特殊设计与槽底组合，不易滑落，可以防止运输震动及垂直安装时滑盖。

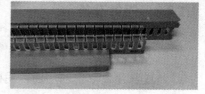

图1-2　矩形PVC绝缘配线槽

知识链接：PVC 配线槽

PVC配线槽，即聚氯乙烯线槽（PolyVinyl Chloride，聚氯乙烯，一种合成材料），一般通用叫法有行线槽、电气配线槽、走线槽等。PVC配线槽具有绝缘、防弧、阻燃自熄等特点，在1200V及以下的电气设备中，对敷设其中的导线起机械防护和电气保护作用。使用PVC配线槽后，配线方便，布线整齐，安装可靠，便于查找、维修和调换线路。

（2）裁剪线槽。

根据物联网实训工位的尺寸，制作合适长度的配线槽。剪线槽的工具常用的有线槽剪刀和塑料线槽切割机，线管剪刀也能裁剪线槽，裁剪线槽的工具如图1-3所示。如果临时没有合适的工具，也可以用手掰断，但掰断的切口不如使用工具裁剪出来的切口平整。

图1-3　裁剪线槽的工具

（3）安装线槽极。

根据线槽规格要求，挑选M4×16螺钉、M4螺母和M4垫片若干，如图1-4所示。M4螺钉的头部外形选择扁圆头式。

图1-4　螺钉、螺母、垫片

将裁剪完成的线槽底放置在合适的位置，穿入螺丝，放置垫片，旋上螺母进行固定，固定线槽的过程如图1-5所示。通常一根线槽用两颗螺钉固定即可。

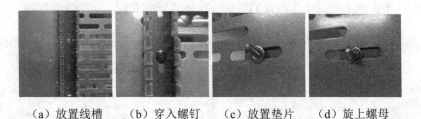

（a）放置线槽　　（b）穿入螺钉　　（c）放置垫片　　（d）旋上螺母

图1-5　固定线槽的过程

将所有线槽固定后，可以使用螺丝刀和钳子等工具进行加固。物联网实训架线槽安装完成后的效果如图1-6所示。

图1-6　线槽安装效果

2．安装电源系统

如图1-7所示，从左至右，依次是断路器、单相电子式电能表、开关电源的背面。观察这三种设备背面的中间设计，这种构造的设备可以通过卡扣安装于导轨上，从而起到固定的作用，本例采用的是标准导轨安装形式。

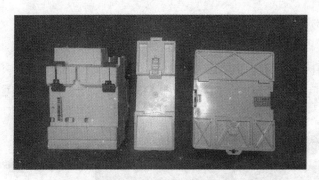

图1-7 断路器、电能表、开关电源背面

选择长度适宜的导轨，导轨的长度需要足够容纳三个设备并留有一定余量。根据导轨开孔的规格选择合适的螺钉（十字盘头螺钉M4×16）、螺母、垫片，将导轨固定在物联网实训架上，如图1-8所示。固定导轨的方法和固定线槽的方法相同，使用两组螺钉、螺母、垫片固定即可。

图1-8 导轨固定效果

将断路器、电能表以及开关电源通过卡扣安装于导轨上，安装效果如图1-9所示。

3. 安装噪声传感器

观察噪声传感器，根据两端的孔位规格挑选合适的螺钉（M4×16）及相应的螺母、垫片，在物联网实训架上使用十字螺丝刀完成噪声传感器的安装，安装效果如图1-10所示。

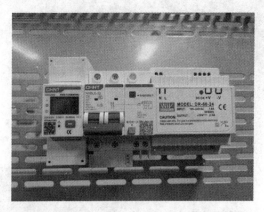

图1-9 断路器、电能表、开关电源安装效果

图1-10 噪声传感器安装效果

知识链接：噪声传感器的选择

我国工业企业厂界环境噪声监测的声级要求仪器精密度达到二级及以上，声音校准仪器要在仪器标识的有效日期内，仪器的等级要比普通仪器高很多。

4. 安装信号采集器

由于选用的噪声传感器采集的信号是模拟量,因此在ADAM4017与ADAM4150中选择ADAM4017信号采集器采集模拟量信号。为了安装方便,将ADAM4017两侧的接线端子拆下,使用螺丝刀利用杠杆原理撬开接线端子,如图1-11所示。

观察ADAM4017的固定孔位,挑选适合的4颗螺钉(十字盘头螺钉M4×16)及相应数量的M4螺母与M4垫片,使用十字螺丝刀将ADAM4017固定在物联网实训架上。安装时采用对角固定法,即先固定左上角的螺钉,第二颗固定右下角的螺钉,形成对角,再继续固定剩余的两颗螺钉。将ADAM4017安装在合适的位置,安装完成以后,将接线端子重新安装回去,安装效果如图1-12所示。

图1-11 拆开接线端子

图1-12 ADAM4017安装效果

知识链接:模拟量与数字量

模拟量:指在时间上和幅度上都连续变化的物理量,如图 1-13(a)所示,电压随时间变化产生的曲线。显然,电压是随着时间的增加连续变化的。一天中温度的变化也是连续的,因此温度和电压等都属于模拟量。

数字量:指在时间上和幅度上都不是连续变化的物理量,即离散的物理量,如开关的状态、生产线上产品的件数、人口统计时人口的数量等。图 1-13(b)所示为某民政局近几年注册结婚的人数变化图,从图中可以看出每年结婚的人数是跳跃式变化,而非连续变化。

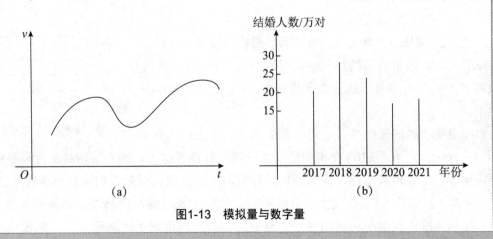

图1-13 模拟量与数字量

1.1.3.2 工业环境监测系统线路连接

图1-14是本任务的系统设计图，工程实施人员需要根据设计图进行线路连接与调试。

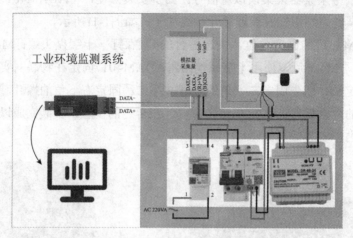

图1-14 工业环境监测系统连线图

在接线前需要准备好红黑导线、黄色导线、蓝色导线、剥线钳、螺丝刀、黑胶布等耗材与工具，如图1-15所示。

图1-15 耗材与工具

1. 电源系统线路连接

（1）单相电能表连接。

使用DDSU666型单相电能表，其单相输入接线方式如图1-16所示。单相电能表的1号接线柱接火（L）线，2号接线柱接零（N）线，3号接线柱为火线输出，4号接线柱为零线输出。

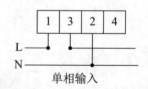

图1-16 单相电能表接线方式

按照电线的国家标准《电线电缆识别标志方法》（GB/T 6995—2008），家用220V市电中的火线一般用红色或棕色，因为这两种颜色是热色。零线用蓝色、绿色或黑色。接地线用黄绿相间的双色线。因此我们用红色导线从220V交流电源的火线接入1号接线柱，用黑色导线连接2号接线柱与220V交流电源的零线。

在剥线时，根据线材的粗细选择合适的切口。使用剥线钳剥除红、黑导线绝缘层时，可以将红、黑导线手动拨开后，使用0.8mm的刃口将红色导线和黑色导线一一剥除绝缘层，裸露的铜丝长短根据接口的大小决定，接入单相电能表的导线铜丝可以稍微长一些，大约1cm左右，如图1-17所示。

用十字螺丝刀将接口处的螺钉按逆时针方向先拧松，打开接口后，将铜丝送入接口，注意不要让铜丝裸露在接口外，送入铜丝后，将接口处的螺钉用十字螺丝刀顺时针拧紧。接线完毕后，可以轻扯导线，查看是否被拧紧。

3号接线柱用红色导线连接断路器，4号接线柱用黑色导线连接断路器，电流从1、2号接线柱输入，从3、4号接线柱输出，接线效果如图1-18所示。

图1-17　剥线　　　　　　　　图1-18　单相电子式电能表接线

知识链接：单相电能表的作用

我们国家的电网一般采用三相四线制，一般家用采用单相电，电压为220V，工业用电采用三相电，电压为380V。

因此单相电能表，即普通民用电能表，一般用于居民照明用电。单相电能表是用于测量某一段时间内用电负载所消耗电能的仪表，它不仅能反映功率的大小，而且能够反映电能随时间增长的积累，是电工测量仪表中生产和使用数量最多的一种。

DDSU666型单相电子式电能表主要用于测量、显示电气线路中的电压、电流、功率、频率、功率因数、有功电能等电参量。除测量功能外，还能进行通信，可通过RS-485通信接口与外部装置实现组网。

（2）断路器线路连接。

正泰NXBLE系列漏电保护断路器，适用于交流50Hz、额定电压230V或400V线路，起到漏电、过载、短路保护的作用。在本项目中使用的断路器的接线方式如图1-19所示。

根据接线图要求，使用红色导线，将单相电能表3号接线柱与进线端的1号接线柱相连，使用黑色导线，将单相电能表4号接线柱与进线端的零线接线柱相连；出线端的2号接线柱用红色导线与开关电源相连，出线端的零线接线柱用红色导线与开关电源相连。断路器的接线效果如图1-20所示。

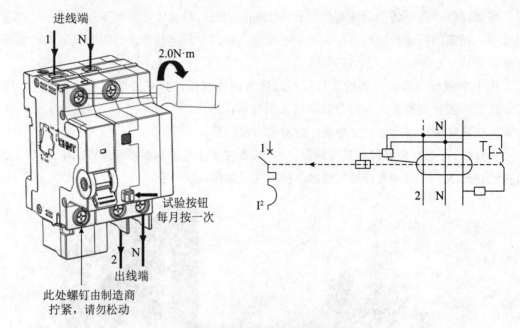

图1-19　断路器接线图要求

图1-20　断路器接线效果

（3）开关电源连接。

在本项目中使用的噪声传感器需要10～30V直流电压，可以使用开关电源来提供24V直流电。图1-21是某开关电源的铭牌，从图中可以获知，该电源可以输入100～240V的交流电，能提供1.8～2.5A、50/60Hz的24V直流电。

开关电源的输入端，左边为零线（N）接线柱，右边为火线（L）接线柱，使用黑色与红色导线分别与断路器输出端的零线、火线接线柱相连。右侧输出端的左边两个输出端为正极，右边两个输出端为负极，开关电源的接线效果如图1-22所示。

图1-21　开关电源铭牌

图1-22　开关电源的接线效果

　　（4）噪声传感器连接。

　　如图1-23所示，噪声传感器共有4根导线需要连接。棕线使用红色导线连接电源正极，黑线使用黑色导线连接电源负极，蓝线和绿线负责传输数据，在后续数据系统线路连接中再进行操作。

　　将红色导线剥除绝缘层后，裸露出0.8～1cm的铜丝，与噪声传感器的棕线顶端的金属缠绕，同样将黑色导线的铜丝与噪声传感器的黑线顶端的金属缠绕，接线效果如图1-24所示。由于还需要给ADAM4017供电，可以在后续接线完成后再缠裹黑胶布。

　　（5）ADAM4017模拟量输入模块连接。

　　用红色导线连接开关电源的正极与ADAM4017的V(+)接线端，用黑色导线连接开关电源的负极与ADAM4017的GND接线端，接线效果如图1-25所示。

图1-23　噪声传感器的线　　　图1-24　噪声传感器电源接线　图1-25　ADAM4017电源接线效果

　　使用黑胶布将接头的地方缠裹，达到绝缘的效果，避免意外触电或短路。但胶布是个塑料制品，时间久了会出现氧化，容易漏电，如果条件允许，可以使用热缩胶接线套管，其具有高温收缩、柔软阻燃、绝缘防蚀等功能。

2．数据系统线路连接

（1）噪声传感器连接。

噪声传感器的蓝线接噪声传感器的正极，使用黄色导线连至ADAM4017的vin0+，噪声传感器的绿线接噪声传感器的负极，使用蓝色导线连接至ADAM4017的vin0-。

先使用黄色导线续接噪声传感器的蓝线，使用剥线钳将黄色导线放入0.6mm刃口，剥出大约0.8～1cm长的裸露铜丝，与噪声传感器蓝线交缠，使用黑胶布进行缠裹，如图1-26所示。蓝色导线与噪声传感器的绿线也进行同样的操作。

（2）ADAM4017模拟量输入模块连接。

黄色导线的另一端接入ADAM4017的vin0+接线端，蓝色导线的另一端接入ADAM4017的vin0-接线端，这样可以使数据从噪声传感器输入ADAM4017。ADAM4017获取的数据从DATA+与DATA-接线端输出，分别用黄色与蓝色导线与两个接线端相连。接线效果如图1-27所示。

图1-26　黄色导线与噪声传感器蓝线相连　　图1-27　ADAM4017数据输入端接线

（3）USB转RS-485转换器连接。

ADAM4017模拟量输入模块的数据需要通过USB转RS-485转换器传送到计算机中，因此还需要用黄色导线将ADAM4017的DATA+接线端与转换头的D+/A+接线端相连，用蓝色导线将ADAM4017的DATA接线端与转接头的D-/B-接线端相连，接线效果如图1-28所示。

图1-28　转换器接线效果

1.1.3.3　信号采集

1．采集前的准备工作

步骤1　检查线路无误后，给系统上电，将断路器的开关打开。

步骤2　将USB转RS-485转换器的USB端插入计算机。打开"设备管理器"检查计算机是否已经安装完成驱动程序。如图1-29所示，计算机已经安装完成CH34O驱动程序，串口号为COM4。

如果没有安装成功，可以让计算机自行更新驱动程序，操作方法如下。

保持计算机处于联网状态，右击端口，在弹出的快捷菜单中选择"更新驱动程序"选项（如图1-30所示）。在弹出的界面中选择"自动搜索更新的驱动程序软件"选项，计算机即可自行在线搜索驱动程序并安装。

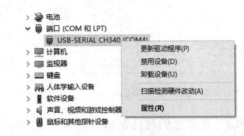

图1-29　查看驱动程序　　　　　　　　　　图1-30　安装驱动程序

程序更新完成后，即可看到驱动程序名称，并且图标的感叹号（！）会消失。

步骤3　修改ADAM4017状态，将ADAM4017侧面的开关拨至Init状态，如图1-31所示，这样ADAM可以在连接计算机的上位机软件后，进入配置状态。

步骤4　在计算机上安装ADAM的上位机软件。安装完成的界面如图1-32所示。左侧树状列表框中列出了上位机支持的机器，右侧可以查看具体的信息。

图1-31　修改ADAM4017状态

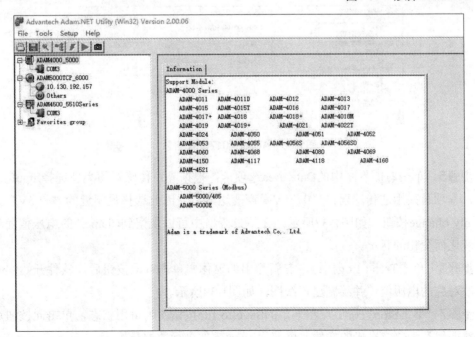

图1-32　ADAM上位机界面

2. 数据采集

步骤1 右击ADAM4000_5000对象，在弹出的快捷菜单中选择Refresh Subnode选项，如图1-33所示，软件开始更新树状列表。

步骤2 单击ADAM4000_5000对象左侧的"＋"号图标，可以查看所有端口。右击COM4串口号，在弹出的快捷菜单中选择Search选项，如图1-34所示。

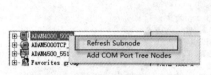

图1-33 更新串口

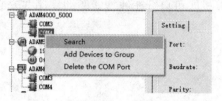

图1-34 搜索设备

步骤3 在弹出的对话窗口中单击Start按钮，如图1-35所示，软件开始扫描地址。

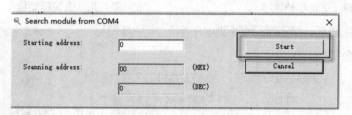

图1-35 扫描地址

步骤4 扫描到设备后，COM4串口号前出现"＋"号图际，单击"＋"号图标，可以看到COM4目录下已经加载设备图标，双击设备"4017P"，右侧界面如图1-36所示。

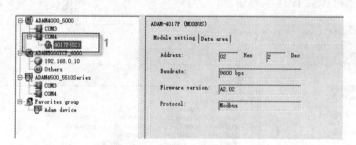

图1-36 ADAM4017设备信息

步骤5 单击右侧界面中的Data area选项卡，根据噪声传感器的类型选择Input range选项，本项目采用的传感器是"0～5V噪声变送器"，因此选择最贴近的"+/-5V"，单击Apply change按钮，如图1-37所示，在下方表格中可以观察到Chanel0的电压值随环境噪声变化而变化的状况。

步骤6 单击Trend Log按钮，在新弹出的窗体中单击Start按钮后，软件开始实时记录声波对应的电压值，并绘制出折线图，如图1-38所示。

步骤7 单击Stop按钮后，左下角的Save to file按钮变为可用状态，单击此按钮后可以将数据保存为CSV格式的文件，再使用Excel软件进行数据分析。

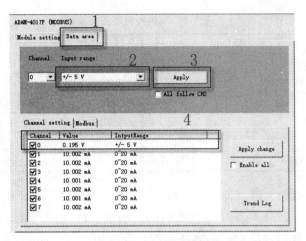

图1-37　获取噪声值

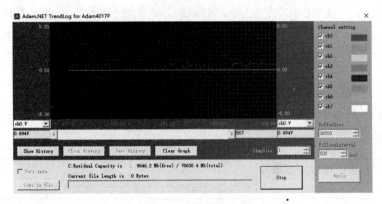

图1-38　噪声值折线图

1.1.4　知识提炼

1.1.4.1　噪声传感器

1．常见噪声传感器的原理

传感器内置了一个对声音敏感的电容式驻极体话筒，驻极体面与背电极相对，中间有一个极小的空气隙，形成一个以空气隙和驻极体为绝缘介质，以背电极和驻极体上的金属层作为两个电极，构成一个平板电容器。电容的两极之间有输出电极。由于驻极体薄膜上分布着自由电荷。当声波引起驻极体薄膜振动而产生位移时，改变了电容两极板之间的距离，从而引起电容的容量发生变化，由于驻极体上的电荷数始终保持恒定，根据公式 $Q = CU$ 得知：当 C 变化时必然引起电容器两端电压 U 的变化，从而输出电信号，实现声音信号到电信号的转换。

2．噪声传感器的技术参数

VMS-3002-ZS-V05噪声传感器的主要参数如表1-1所示。

表1-1 噪声传感器主要参数

技术参数	参 数 值	技术参数	参 数 值
直流供电	10~30V	最大功耗	0.4W
输出信号	RS-485/4	响应时间	≤2s
测量范围	30~130dB	分辨率	0.1dB
频率加权特性	A加权	频率响应	20~12.5kHz
工作温度	-20℃~60℃	工作湿度	0%RH~80%RH
耗电	≤0.15W（在12V DC，25℃环境下）	工作压力范围	0.9~1.1atm（1atm=101.325kPa）

这里对频率加权特性进行说明，声级计的频率计权通常有A、B、C、D计权，这是为了模拟人耳听觉。在不同频率处有不同的灵敏度，因此在声级计的电路内设计不同的计权网络。通过计权网络测得的声压级叫作计权声压级，如A计权声压级，也称A声级；不通过计权网络的称为线性声压级，目前用Z计权声压级表示不计权。A、B、C计权分别模拟40方、70方和100方三条等响曲线，由于A计权更能表征人耳的主观特性，因此在噪声测量中常用A计权声级表示噪声的大小，而C计权声压级和Z计权声压级往往在噪声测量中表示为总声压级，D计权则专用于飞机噪声的测量。

3. 噪声传感器的通信协议

VMS-3002-ZS-V05噪声传感器的寄存器地址如表1-2所示。

表1-2 寄存器地址

寄存器地址	PLC或组态地址	内　容	操作
0000H	40001	瞬时噪声值，上传数据为真实值的10倍	只读

通信协议示例：读取设备地址0x01的噪声值的问询帧，如表1-3所示。

表1-3 问询帧

地址码	功能码	起始地址	数据长度	检验码低位	校验码高位
0x01	0x03	0x00, 0x00	0x00, 0x01	0x84	0x0A

例如读到当前噪声值为71.3dB时，相应的数据如表1-4所示。

表1-4 应答帧

地址码	功能码	起始地址	数据长度	检验码低位	校验码高位
0x01	0x03	0x02	0x02, 0xC9	0x79	0x72

噪声计算：02C9H（十六进制）=713，则噪声是71.3dB。

1.1.4.2　ADAM4017 模拟量输入模块

1. ADAM4017模拟量输入模块的技术参数

ADAM4017模拟量输入模块的技术参数情况如表1-5所示。

表1-5 ADAM4017技术参数说明

技术参数	说明
通道数	8
输入类型	mV,V , mA
输入范围	+/-150mV, +/-500mV, +/-1mV, +/-5mV, +/-10mV, +/-20mV, 4~20mA
隔离电压	3000V
最高额定电压	+/-35V
采样速率	10个采样点/s
输入阻抗	20MΩ
精确度	≤+/-0.1%
功率	1.2W
I/O连接器类型	10针连接器
通信协议	Modbus RTU协议

2. ADAM4017模拟量输入模块硬件连线

（1）简单控制接线方式如图1-39所示。

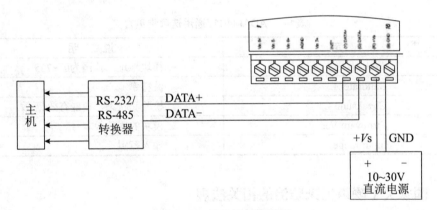

图1-39 简单控制接线图

（2）差分通道输入（通道0～通道5）的接线方式如图1-40所示。

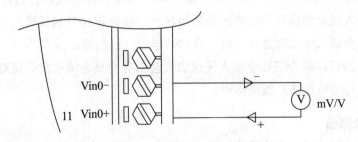

图1-40 差分通道输入接线图

（3）单端输入的接线方式如图1-41所示。

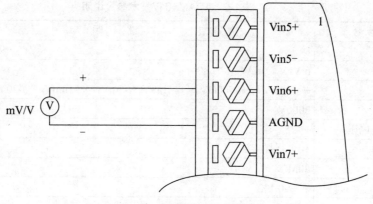

图1-41　单端输入接线图

3. ADAM4017模拟量输入模块配置

将ADAM4017模块的init*和GND短接，重新上电，此时进入模块的初始化状态，可以配置模块的地址、通信速率、量程范围、数据格式和工作方式、通信协议等。通用的选项含义如表1-6所示。

表1-6　ADAM4017通用选项常见含义

设　　定	说　　明
Address	模块地址，范围为0～255
Baudrate	波特率
Checksum	检验和状态，使能有效/无效
Firmware Ver	模块的固件版本号
Input range	输入范围

1.1.4.3　国家关于噪声污染防治的相关法规

1. 中华人民共和国环境噪声污染防治法

为防治环境噪声污染，保护和改善生活环境，保障人体健康，促进经济和社会发展，制定《中华人民共和国环境噪声污染防治法》。1996年10月29日第八届全国人民代表大会常务委员会第二十二次会议通过，自1997年3月1日起施行。

2018年12月29日，第十三届全国人民代表大会常务委员会第七次会议对《中华人民共和国环境噪声污染防治法》做出修改。

2. 噪声排放限值

工业企业厂界环境噪声排放限值如表1-7所示。

夜间频发噪声夜间的最大声级超过限值的幅度不得高于10dB。

夜间偶发噪声的最大声级超过限值的幅度不得高于15dB。

当厂界与噪声敏感建筑物距离小于1m时，厂界环境噪声应在噪声敏感建筑物的室内测量，并将表1-7中相应的限值减10dB作为评价依据。

表1-7　工业企业厂界环境噪声排放限值（单位：dB）

边界处声环境功能区类型	时段	
	昼间	夜间
0	50	40
1	55	45
2	60	50
3	65	55
4	70	55

3. 测量仪器

测量仪器为积分平均声级计或环境噪声自动监测仪，其性能应不低于《声级计 电声性能及流量方法》（GB 3785—2010）和《积分平均声级计》（GB/T 17181—1997）对2型仪器的要求。测量35dB以下的噪声应使用1型声级计，且测量范围应满足所测量噪声的需要。校准所用仪器应符合《电声学 声校准器》（GB/T 15173—2010）对1级或2级声校准器的要求。当需要进行噪声的频谱分析时，仪器性能应符合《电声学 信频程和分数倍频程滤波器》（GB/T 3241—2010）中对滤波器的要求。

测量仪器和校准仪器应定期检定合格，并在有效使用期限内使用；每次测量前、后必须在测量现场进行声学校准，其前、后校准示值偏差不得大于0.5dB，否则测量结果无效。

测量时传声器加防风罩。

测量仪器时间特性设为F挡，采样时间间隔不大于1s。

1.1.5　任务评估

检查内容	检查结果		满意率		
线槽是否安装牢固，且线槽盖板是否盖好	是□ 否□		100%□	70%□	50%□
工业环境监测系统硬件设备安装是否牢固	是□ 否□		100%□	70%□	50%□
工业环境监测系统线路连接是否正确	是□ 否□		100%□	70%□	50%□
PC端与ADAM4017通信是否正常	是□ 否□		100%□	70%□	50%□
噪声信号是否正确采集	是□ 否□		100%□	70%□	50%□
工业环境监测系统调试是否正常	是□ 否□		100%□	70%□	50%□
完成任务后使用的工具是否摆放、收纳整齐	是□ 否□		100%□	70%□	50%□
完成任务后工位及周边的卫生环境是否整洁	是□ 否□		100%□	70%□	50%□

1.1.6　拓展练习

▶ **选择题：**

1. 本项目中使用的噪声传感器，其输出量是（　　）类型。

A. 模拟量　　　　　　　　　　　B. 数字量

C. 电子量　　　　　　　　　　　D. 不确定

2. 以下可以裁剪线槽的工具有（　　）？（多选题）

A. 线槽剪刀　　　　　　　　　　B. 塑料线槽切割机

C. 线管剪刀　　　　　　　　　　D. 手

3. ADAM4017的隔离电压是（　　）。

A. 300V　　　　　　　　　　　　B. 600V

C. 3000V　　　　　　　　　　　D. 6000V

4. 开关电源的作用是（　　）。

A. 打开开关　　　　　　　　　　B. 提供交流电源

C. 提供直流电源　　　　　　　　D. 关闭电源

5. 标注L为（　　）线，N为（　　）线。

A. 火、零　　　　　　　　　　　B. 零、地

C. 地、火　　　　　　　　　　　D. 零、火

▶ **操作题：**

从噪声传感器、温湿度传感器、二氧化碳传感器、风速传感器、风向传感器等传感器中选择两种以上传感器绘制环境监测的系统设计图。

1.2 任务2 工业安防设备安装与检测

1.2.1 任务描述

大多数工业设备长时间浸水会生锈腐蚀，无法正常工作；一些高精度的电气设备对水更是极为敏感，电气元器件会因为进水导致传感器、控制单元等短路损坏，甚至可能带来火灾。水浸传感器是工业生产中最常用的传感器之一，如在隧道中安装水浸传感器，就能实时监测隧道内有没有积水，一旦积水达到一定量时会立即向管理人员发送告警信息。

物联网技术的普及应用，使得工业安防从过去简单的安全防护系统向综合化体系演变，而一个完善的安防系统一定少不了防漏水报警系统这项重要内容。现要求工业物联网实施人员小李根据任务工单在现场完成工业安防设备的安装、配置和检测。

任务实施过程中，首先使用线槽、接线端子等部件规范工程布线；然后安装电源模块、水浸传感器、PLC模块、中间继电器、报警灯等设备，实现设备与电源的线路连接，并使用万用表检测连通性；最后，完成工业安防系统的PLC程序装载与调试，实现物联网智能控制与管理。

任务实施之后，进一步认识水浸传感器的种类、可编程控制器PLC硬件结构和标准件。

1.2.2 任务工单与准备

1.2.2.1 任务工单

任务名称	工业安防设备安装与调试					
负责人姓名	李××		联系方式	135××××××××		
实施日期	×年×月×日		预计工时	120min		
工作场地情况	室内生产现场，面积较大的空间；水电已通；普通装修					
工作内容						
设备选型	设备	型号	产品图片	设备	型号	产品图片
	水浸传感器	VMS-3002-SJ		西门子PLC	SIMATIC S7-200 SMART	

设备选型	继电器	MY3NJ		警示灯-R	LTE-5061(R)	
	断路器	NXBLE-32-C6		警示灯-G	LTE-5061(G)	
	单相电子式电能表	DDSU666		开关电源	DR-60-24	
	按钮	YJ139-LA38		串口接头	YL-SM002	

	工序	工作内容	时间安排
进度安排	①	工业安防设备布局及安装	30min
	②	工业安防设备线路连接并检查线路	30min
	③	设备协议配置与通信	20min
	④	PLC程序下载与调试	20min
	⑤	测试后的调整与优化	20min
结果评估（自评）	完成 □　基本完成 □　未完成 □　未开工 □		
情况说明			
客户评估	很满意 □　满意 □　不满意 □　很不满意 □		
客户签字			
公司评估	优秀 □　良好 □　合格 □　不合格 □		

1.2.2.2　任务准备

1. 明确任务要求

本次任务是通过水浸传感器获取水浸信息，将获取到的信息传送到PLC模块进行处理，同时控制警示灯的亮灭，以提示管理员处理漏水情况。

2. 检查环境、设备

（1）确认工作环境安全，排除用电安全隐患。

（2）对照系统设计图检查设备是否正确安装、连接。

（3）检测PLC通信是否正常。

3. 安排好人员分工和时间进度

本任务可以安排一名设备调试员进行操作，预计用时120min。其中预计使用30min安装设备，使用30min连接线路并检查线路，使用20min配置设备通信协议，确认网络畅通，使用20min完成PLC程序下载与调试，使用20min完成测试后的调整。

1.2.3　任务实施

1.2.3.1　工业安防设备硬件安装

根据图1-42所示的设备布局图选用相应的设备，并安装设备，要求设备安装牢固，布局合理。

图1-42　工业安防设备布局图

1. 安装线槽

参照任务1的操作要求和规范，结合实训工位尺寸情况，制作合适的线槽；挑选符合规格要求的螺钉、螺母和垫片，使用螺丝刀等工具完成线槽的安装。

2. 安装电源系统

准备好单相电子式电能表、断路器和开关电源，将其通过卡扣安装在导轨上。本任务中使用的开关电源可将220V市电变换成24V直流电，其中电能表用于测量相关电参量，断路器用于保护电源线路及电动机等，开关电源将电网提供的交流电转换为直流电输出。

挑选合适的螺钉（M4×16）、螺母、垫片以及长度适宜的导轨。使用螺钉、螺母将导轨固定在物联网实训架上，然后将电能表、断路器、开关电源通过卡扣安装于导轨上。安装效果如图1-43所示，从左至右依次为电能表、断路器、开关电源。

3. 安装水浸传感器

观察选用的水浸传感器，其双侧各有一个孔位，如图1-44（a）所示，可以用标准件螺钉固定。在安装设备选用螺钉时，可以通过使用不同型号的螺钉试穿孔位进行测试，若测试的螺钉不会穿孔而过或在孔位中左右摇动，也不会因孔位太小造成螺钉无法穿过，则确定螺钉大小合适。

现使用M4十字盘头螺钉（M4×16）及相应的M4螺母固定传感器。由于物联网实训架的孔位比M4螺母稍小，虽然也能将传感器固定住，但如果搭配一个M4垫片，则可以安装得更加牢固。在物联网实训架上使用十字螺钉刀完成水浸传感器的安装，安装效果如1-44（b）所示。可以将多余的线材放入线槽中等待接线。

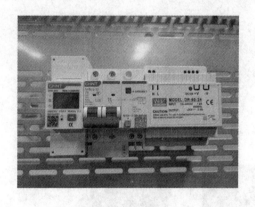

正面（a）　　　背面（b）

图1-43　电源系统安装效果　　　图1-44　水浸传感器安装效果

安装完毕后，可以摇晃传感器，检查是否已经安装牢固。

知识链接：标准件

标准件是指结构、尺寸、画法、标记等各个方面已经完全标准化，并由专业厂生产的常用的零（部）件，如螺纹件、键、销、滚动轴承等等。

生活中，常常提到螺栓、螺钉、螺母等，那这些工具的区别是什么呢？螺栓的头部一般为六角形，杆部带有外螺纹。螺钉较小，头部有平头、十字头等，杆部带有外螺纹。通常有外螺纹的螺栓和螺钉都可俗称"螺丝"。此外，螺母的外形通常为六角形，内孔为内螺纹，用来与螺栓配合，紧固相关零件，俗称"螺帽"。螺柱实际应叫"双头螺柱"，两头均有外螺纹，中间一般是光杆。螺纹长的一端用来与深孔连接，短的一段与螺母连接。

4. 安装PLC

本任务中的PLC选用西门子的SIMATIC S7-200 SMART PLC。观察PLC的外观，发现其两侧、四周无明显的孔位，不适合直接使用螺钉、螺母进行固定。翻转至PLC背面，观察可以发现PLC背面有一个横向凹槽可以容纳导轨嵌入，如图1-45所示，两个垂直对齐的活动卡扣可以卡住导轨，使PLC固定在导轨上。由于凹槽的宽度为3.6cm，可以选用国标C45导轨，其宽度为3.5cm。

当PLC设备宽90mm时，导轨长度必须大于90mm，且要为其他设备提供适度的冗余，如选用140mm的导轨。本次使用的导轨表面镀彩锌，形成的彩色钝化膜比白色钝化膜更厚，抗蚀性更强，彩色钝化膜表面被划伤时，擦伤部位附近的钝化膜中六价铬会对擦伤部位进行"再钝化"作用，修补损伤，使钝化膜恢复完整。

先用两枚十字盘头螺钉（M4×16）与两颗M4螺母将导轨固定在物联网实训架上，再将PLC设备卡放在导轨上。卡放设备时可以采用两种方法。

第一种方法，将设备凹槽对准导轨，将PLC设备从侧面推入导轨，如图1-46所示。

第二种方法，先确定PLC设备卡放的位置，再将PLC设备上方的活扣卡入导轨，再稍用力按压设备，听见清脆的"咔哒"声时，下方的活口也卡入导轨，完成上述操作后，可对PLC设备的位置进行微调。

图1-45　PLC背面　　　　　　　　图1-46　从侧方推入

5. 安装按钮

观察按钮的外观，既有便于用螺钉安装的孔位，也有能容纳导轨嵌入的凹槽。由于选用的按钮外层罩有按钮盒，使用螺钉安装固定后，不方便后续接线，可优先选择使用标准导轨安装形式。

6. 安装继电器

观察继电器的外观，发现在其左上的位置和右下的位置各有一个孔位，可以使用十字盘头螺钉（M4×16）及相应的M4螺母、M4垫片将继电器安装在物联网实训架上。再继续观察继电器的背面，发现继电器也有一个横向宽度为3.6cm的凹槽可以容纳导轨嵌入，凹槽一侧有一个活动卡扣，另一侧有两个凸起，继电器底座的侧面如图1-47所示。继电器也可以使用标准导轨安装形式，通过一个活动卡扣和两个凸起的组合就可以卡住导轨。

因为安装PLC设备后，导轨空间还有富余，可以采用标准导轨安装形式。根据继电器的构造，卡放继电器时需要注意卡放顺序，由于活动卡扣的另一侧是固定的凸起，因此先将导轨卡入凸起的一侧，再稍用力按压继电器另一侧，使活动卡扣卡入导轨，发出清脆的"咔哒"声。安装继电器时也可以将继电器从导轨一侧推入导轨后，微调位置，安装后的效果如图1-48所示。

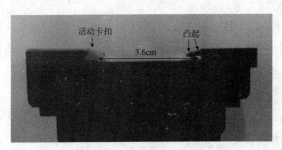

图1-47　继电器底座侧视图　　　　　　　图1-48　继电器安装效果

7. 安装警示灯

观察红绿警示灯，在其背面发现有两枚已经固定住的螺钉，如图1-49所示。在实际操作中，为确定螺钉规格，可以简单地用目测的方法，也可以将螺钉与已知规格的螺钉、螺母做比较。此外，还可以使用游标卡尺测量警示灯背面螺钉的规格，经测量，该螺钉的外径为3.84mm，如图1-50所示。对照国标螺钉规格表可以得知，该螺钉的规格是M4.0。

图1-49　警示灯背面　　　　　　　　图1-50　测量螺钉外径

配合M4螺母与垫片，使用尖嘴钳固定安装两个警示灯，安装效果如图1-51所示。

图1-51　安装警示灯

知识链接：国标螺钉规格

部分国标粗牙 60° 规格如表 1-8 所示。

表1-8　国际粗牙60°规格

规格	牙距/mm	成品外径/cm		线径±0.02mm	规格	牙距/mm	成品外径/cm		线径±0.02mm
		最大	最小				最大	最小	
M1.4	0.30	1.38	1.34	1.16	M4.0	0.70	3.98	3.83	3.40
M1.7	0.35	1.68	1.61	1.42	M4.5	0.75	4.47	4.36	3.88
M2.0	0.40	1.98	1.89	1.68	M5.0	0.80	4.98	4.83	4.30
M2.3	0.40	2.28	2.19	1.98	M6.0	1.00	5.97	5.82	5.18
M2.5	0.45	2.48	2.38	2.15	M7.0	1.00	6.97	6.82	6.18
M3.0	0.50	2.98	2.88	2.60	M8.0	1.25	7.96	7.79	7.02
M3.5	0.60	3.47	3.36	3.02	M9.0	1.25	8.96	8.79	8.01

1.2.3.2　工业安防系统线路连接

图1-52是本任务的系统设计图，工程实施人员需要根据设计图进行线路连接与调试。

在线路连接之前，先确认现场环境安全，检查设备是否处于断电状态，并准备好相应的工具和耗材，如用于剥线的剥线钳、固定线缆的螺丝刀、用于导线绝缘密封的绝缘胶带和红黑导线、黄色导线、蓝色导线等。

1. 电源系统线路连接

（1）单相电能表。

DDSU666型单相电能表的1号接线柱接火线（L），2号接线柱接零线（N），接入220V市电；3号接线柱为火线输出，4号接线柱为零线输出，连接至断路器。

（2）断路器。

根据接线图要求，使用红色导线将断路器进线端的1号接线柱与单相电能表3号接线柱相连，使用黑色导线将断路器进线端的零线与单相电能表4号接线柱相连；用红色导线将断路器出线端的2号接线柱与开关电源相连，用黑色导线将断路器出线端的零线接线柱与开关电源相连。

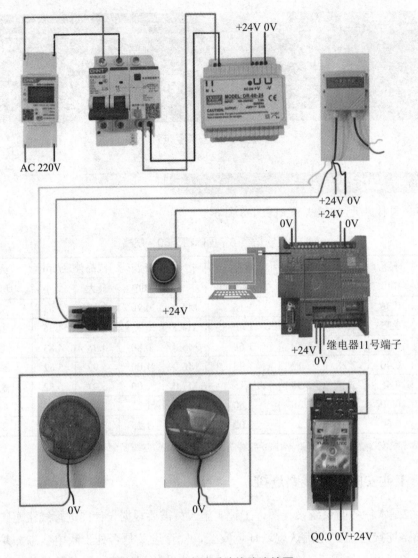

图1-52　工业安防系统线路连接图

（3）开关电源。

开关电源左侧为输入端，右侧为输出端。输入端的左边为零线（N）接线柱，右边为火线（L）接线柱，使用黑色导线连接断路器输出端的零线接线柱与开关电源输入端的零线，使用红色导线连接断路器输出端的火线接线柱与开关电源输入端的火线接线柱。开关电源右侧输出端的左边两个输出端为24V直流电正极，右边两个输出端为24V直流电负极。开关电源输出24V直流电，在本系统中可以给水浸传感器、PLC设备、继电器等设备供电。

单相电能表、断路器、开关电源的接线效果如图1-53所示。

（4）水浸传感器电源接线。

选用的VMS-3002-SJ水浸传感器可以接入24V直流电。观察选用的水浸传感器，发现有两条用绝缘保护层包裹的线缆，如图1-54所示。一条线缆包含蓝、黄、棕、黑四根导线，另一条则包含蓝色、黄色两根导线。

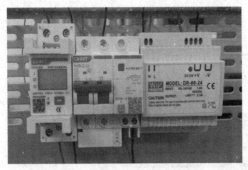

图1-53　单相电能表、断路器、开关电源的接线效果　　　图1-54　水浸传感器的两根线缆

在包含四根导线的线缆中，棕色导线接24V直流电正极，可使用红色导线延长水浸传感器的棕色导线，将红色导线另一端与开关电源输出端的正极相连；黑色导线接24V直流电负极，可使用黑色导线延长水浸传感器的黑色导线，将黑色导线另一端与开关电源输出端的负极相连。延长导线的接线部位使用绝缘胶带包裹保护，如图1-55所示。

图1-55　延长线

（5）PLC电源接线。

SIMATIC S7-200 SMART型PLC有不同的CPU，在给CPU进行供电接线时，一定要特别注意区分是哪一种供电方式，如果把220V AC接到24V DC供电的CPU上，或者不小心把220V AC接到24V DC传感器输出电源上，都会造成CPU的损坏。

观察PLC表面铭文可以发现，选用的PLC采用的CPU型号是ST20，需要用24V直流电供电。ST20型号的CPU输入输出接线方式如图1-56所示。

PLC顶部端盖下面的L+和M端子接入24V直流电，L+接电源正极，M接电源负极，其接线效果如图1-57所示。从PLC顶部端盖L+和M端输入的24V直流电是给PLC供电，而PLC底部端盖的L+和M端子为PLC向外输出的24V直流电，该电源可作为输入端电源使用，也可以作为传感器供电电源，在本任务中没有使用PLC给传感器供电。

CPU ST20共有12点输入，端子编号采用八进制。输入端子为I0.0~I1.3，公共端为1M，将1M端子接0V，在实际接线时，可以将公共端1M并联至PLC顶部端盖下的M端子后，再接电源负极。

输出端子只有1组，8个输出端子，Q0.0~Q0.7，输出回路电源支持24V直流电，2L+端接24V直流电源正极，2M端接0V。Q0.0端子连接至继电器11号端子，继电器10号端子接电源负极，形成回路，从而使PLC输出的信号可以控制线圈的通、断电，输出侧接线效果如图1-58所示。

（6）连接点动按钮与PLC设备。

观察按钮，按钮在初始状态下，23、24端口为常开端口，11、12端口为常闭端口，如图1-59所示。

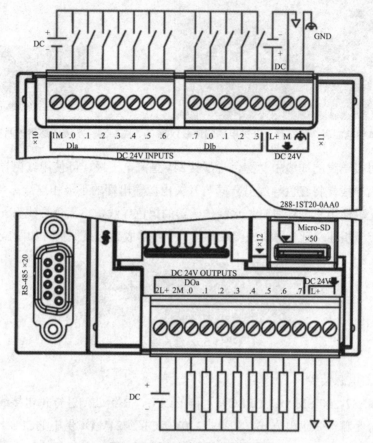

图1-56　ST20输入输出接线图

图1-57　接线效果

图1-58　PLC输出端接线

常开触点

常闭触点

图1-59　常开、常闭触点

将按钮从导轨上取下，取一根红黑导线，红色导线接在23端口，另一根黑色导线接在24端口，开关没有正负极，接线方式一般遵循电路从左到右，从上到下的原则。接线时，需要用十字螺丝刀越过按钮盒将螺钉旋开，插入铜丝，如图1-60所示。用十字螺丝刀将螺钉旋紧，固定导线，注意铜丝不能裸露。

完成23号端口和24号端口的导线连接后，将按钮重新卡放回导轨。

红色导线一端连接至24V直流电源正极，红色导线另一端连接至PLC设备的输入端I0.0端子。

图1-60 按钮接线

（7）继电器与PLC设备、警示灯相连。

S7-200 SMART PLC采用晶体管输出，为了避免负载电压的变化损坏PLC端口，一般输出端采用继电器将负载隔离。继电器既是开关，又是过载保护。

观察继电器外观上喷印的引脚图，如图1-61所示，可知1、2、3号端口是常闭端口，4、5、6号端口是常开端口，7、8、9号端口是公共端口，10、11号端口是线圈，1、4、7号端口为一组，2、5、8号端口为一组，3、6、9号端口为一组。

本任务使用一组端口即可完成，使用1、4、7号端口完成任务。正常状态下1号端口常闭，连接绿色警示灯，使绿色警示灯常亮，4号端口常开，连接红色警示灯，正常状态下红色警示灯熄灭，当发生水浸现象时，线圈工作，使衔铁吸合，4号端口闭合，红色警示灯亮起。

接线时如果继电器上的铭文与图1-61中的方向不一致，查看继电器上的铭文，找到1号端口，取一根红色导线，连接1号端口与绿色警示灯的红色导线，绿色警示灯黑色导线接0V；找到4号端口，取一根红色导线，连接4号端口与红色警示灯的红色导线，红色警示灯黑色导线接0V。找到7号端口，取一根红色导线，将继电器的7号端口接+24V直流电正极。

10号、11号端口接线圈，用PLC控制线圈，取一根红色导线，将11号端口与PLC设备输出端的Q0.0端口相连；取一根黑色导线，将继电器10号端口接0V，这样完成了线圈的接线。

实际操作中，可以将两个警示灯的黑色导线并联后再连接至继电器的10号端口。继电器的接线效果如图1-62所示。

知识链接：继电器

　　继电器是一种根据电量（电压、电流等）或非电量（热、时间、转速、压力等）的变化，使触点发生动作，接通或断开控制电路，实现自动控制、安全保护、转换电路等功能的自动电器。

继电器的种类繁多、应用广泛。按用途可分为控制继电器和保护继电器；按工作原理可分为电磁式继电器、感应式继电器、热继电器、机械式继电器、电动式继电器和电子式继电器等；按反应的参数（动作信号）可分为电流继电器、电压继电器、时间继电器、速度继电器、压力继电器等；按动作时间可分为瞬时继电器（动作时间小于0.05s）和延时继电器（动作时间大于0.15s）；按输出形式可分为有触点继电器和无触点继电器。

常用的继电器有电磁式继电器、时间继电器、热继电器、速度继电器、温度继电器、压力继电器、液位继电器等。

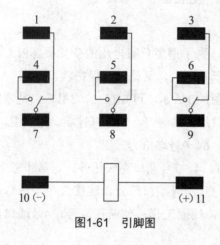

图1-61 引脚图

图1-62 继电器接线

2. 数据连线

（1）水浸传感器。

水浸传感器有两根线缆，一根包裹蓝、黄、棕、黑四根导线，其中棕、黑导线分别连接24V电源的正负极，黄、蓝导线用于传输数据。水浸传感器的输出信号属于模拟信号，使用串口接头将水浸传感器的模拟信号传入PLC设备。取一根黄色导线，一端与水浸传感器的黄色导线相连，另一端与串口接头的黑色导线相连；取一根蓝色导线，一端与水浸传感器的蓝色导线相连，另一端与串口接头的红色导线相连，接线效果如图1-63所示。

将串口接头插在PLC设备的COM口上，如图1-64所示。

图1-63 水浸传感器与串口接头相连

图1-64 串口接头与PLC设备相连

水浸传感器的另一根线缆仅包含蓝色、黄色两根导线，用于获取环境中是否存在水浸状态。两根导线须做处理：先将两根导线末端的绝缘层剥离，使铜丝裸露，然后将铜丝用金属包裹。选用的水浸传感器利用交流阻抗测量方式检测环境中是否漏水，没有漏水时，两根导线在空气中不会接通，当导线接触水时，两根导线就会短接，电路接通，发生电流变化，控制器检测到变化并反馈信号。可以使用接线端子将如图1-65所示的漏水绳接在水浸传感器的黄、蓝导线上，以扩展检测范围。

（2）PLC设备。

使用网线连接将PLC与计算机直连，连接效果如图1-66所示。

图1-65　漏水绳

图1-66　网线连接至PLC设备

1.2.3.3　PLC 程序下载与程序调试

查看PC端所在网段，在PC端打开step7程序，修改PLC的IP地址等参数，使PLC设备与PC端处于同一网段。

检查系统的连线无误后，给系统通电，将程序下载至PLC设备。PLC编程在本书的项目3有具体介绍，读者可从本书电子资源中获取本任务的PLC程序。

若系统出现故障，可以使用万用表依次排查设备。正常情况下，单相电能表的电子屏显示数字，将断路器打开后，开关电源的指示灯亮起，如图1-67所示。PLC设备的run灯亮起。水浸传感器的漏水绳接触水后，红灯亮起。工作人员处理后，按下按钮，使绿灯亮起，红灯熄灭。

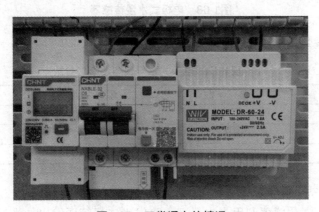

图1-67　正常通电的情况

1.2.4　知识提炼

1.2.4.1　水浸传感器

水浸传感器是目前应用于智能化领域当中重要的工业设备之一，其广泛应用于数据中心、通信机房、发电站、仓库、档案馆等一切需要防水的场所。水浸传感器利用水的导电性，当两个探针同时接触到水时，形成电流回路，此时传感器上报浸水或漏水状态，从而触发报警，或联动其他智能设备执行相关动作，避免造成重大损失。

1. 水浸传感器的分类

水浸传感器的分类如表1-9所示。

表1-9　水浸传感器的分类

分 类 依 据	类　　别
按检测原理分类	电阻式、光电传感式
按形态分类	接触式、非接触式
按检测方式分类	分定点式、分布式

2. 三种常见的水浸传感器

（1）电极式水浸传感器。

电极式水浸传感器基于液体导电原理进行设计，正常情况下，两个电极在空气中绝缘；在浸水状态下，电极导通，传感器输出干接点信号。当电极浸水高度约1mm时，即产生告警信号。图1-68所示的电极式水浸传感器为小型机房、试验室、基站、博物馆等小型区域常用的接触式水浸探测器，具有实时响应快、性价比高、安装方便等特点。

图1-68　电极式水浸传感器

电极式水浸传感器参考参数如表1-10所示。

表1-10　电极式水浸传感器参考参数

项　　目	参　　数	项　　目	参　　数
供电电压	12V	工作电流	<20mA
响应速率	快于50ms	静态电流	<3mA
感应距离	1mm	—	—

（2）光电定点式水浸传感器。

光电定点式水浸传感器利用光电原理，将发光二极管所发出的光导入传感器顶部的透镜。当液体浸没光电水位传感器的透镜时，则光折射到液体中，从而使接收器收不到或只能接收到少量光线。光电水位传感器感应到这一变化，接收器可以驱动内部的电气开关，从而启动外部报警或控制电路。如果没有液体，则发光二极管发出的光直接从透镜反射回接收器。

光电定点式非接触式水浸传感器由于传感器部分与液体不接触，可以用于弱酸弱碱等具有弱腐蚀性的液体检测。光电水浸传感器内部包含一个近红外发光二极管和一个光敏接收器。图1-69为工业机房里常用的水浸传感器。

光电定点式水浸传感器参考参数如表1-11所示。

表1-11 光电定点式水浸传感器参考参数

项 目	参 数	项 目	参 数
供电电压	12V	工作电流	<50mA
响应速率	快于10ms	静态电流	<15mA
感应距离	1mm	—	—

（3）线缆式水浸传感器。

线缆式水浸传感器检测系统是检测线缆配合控制器一同使用的分体式导轨安装的新型传感器。当漏水时，控制器检测到感应线缆电信号的变化，经微处理器处理后，启动报警。线缆式水浸传感器又可分为定位式水浸传感器和不定位式水浸传感器。相较于其他种类的水浸传感器，线缆式水浸传感器的一个控制器可以接入并监测多条漏水感应线，分布式监测范围更广。图1-70是线缆式水浸传感器。

图1-69 光电式水浸传感器

图1-70 线缆式水浸传感器

电极式、光电式、线缆式三类水浸传感器的对比情况如表1-12所示。

表1-12 水浸传感器的比较

优缺点	电极式水浸传感器	光电式水浸传感器	线缆式水浸传感器
优点	安装方便，结构简单，工作原理可靠，运行耗电少	安装方便，检测电路不与液体直接接触，防腐蚀性能好	检测范围可扩展，检测区域大，具有防腐蚀性能，可检测到水进入位置
缺点	检测区域小，检测电极与液体直接接触，防腐蚀性能差	检测区域小，运行耗电大于电极式传感器，传感器的光电检测头易划伤，影响检测效果，检测头需要定期清洁	安装不方便，不能直接安装在金属表面，运行耗电量大

1.2.4.2 紧固（标准）件

紧固件是对两个或两个以上的零件（或构件）紧固连接成一个整体时的一类机械零件的总称。市场上也称为标准件，通常包括12类紧固件，如表1-13所示。

表1-13　12类紧固件情况

零件	说明	图片
螺栓	螺栓：机械零件，配用螺母的圆柱形带螺纹的紧固件。由头部和螺杆（带有外螺纹的圆柱体）两部分组成的一类紧固件，需与螺母配合，用于紧固连接两个带有通孔的零件	
螺母	螺母就是螺帽，与螺栓或螺杆拧在一起用来起紧固作用的零件，有六角螺母、方螺母、开槽螺母、锁紧螺母和特殊用途螺母，如蝶形螺母、盖形螺母、滚花螺母和嵌装螺母等	
螺钉	螺钉指螺丝（Screw），螺丝是紧固件的通用说法。螺钉是利用物体的斜面圆形旋转和摩擦力的物理学和数学原理，循序渐进地紧固零件的工具	
螺柱	螺柱多用于连接被连接件之一厚度大，需使用结构紧凑或因拆卸频繁而不宜采用螺栓连接的地方。分等长和不等长双头螺柱，不等长双头螺柱适用于一端拧入部件机体，起连接或紧固作用的场合	
木螺钉	木螺钉与机器螺钉相似，但螺杆上的螺纹为专用的木螺钉用螺纹，可以直接旋入木质构件（或零件）中，用于把一个带通孔的金属（或非金属）零件与一个木质构件紧固连接在一起	
自攻螺钉	与自攻螺钉相配的工作螺孔无须预先攻丝，在拧入自攻螺钉的同时，使内螺纹成型	

续表

零件	说明	图片
垫圈	防松垫圈，垫圈在螺栓、螺钉和螺母等的支承面与工件支承面之间使用，起防松和减小支承面应力的作用	
挡圈	挡圈是紧固在轴上的圈形机件，可以防止装在轴上的其他零件活动。挡圈主要用来将零件在轴上或孔中定位、锁紧或止退	
销	销通常用于定位，也可用于连接或锁定零件，还可作为安全装置中的过载剪断元件	
铆钉	铆钉一端有头部，且杆部无螺纹。使用时将杆部插入被连接件的孔内，然后将杆的端部拧紧，起连接或紧固作用	
连接副	连接副是螺钉或螺栓或自攻螺钉和垫圈、螺母的组合。垫圈装于螺钉后，必须能在螺钉（或螺栓）上自由转动而不脱落。主要起紧固或紧定作用	
其他	主要包括焊钉等紧固件。焊钉头部顶面具有用凸字显示制造者的识别标志，用途十分广泛	

1.2.4.3　PLC 的硬件组成

PLC的组成与普通计算机相似，主要由中央处理单元（CPU）、存储单元、输入/输出单元、输入/输出扩展接口、外围设备接口以及电源等部分组成。其中CPU是PLC的核心，I/O部件是连接现场设备与CPU之间的接口电路，通信接口用于与编程器和上位机连接。

对于整体式PLC而言，所有部件都装在同一机壳内；对于模块式PLC而言，各功能部件独立封装，称为模块或模板，各模块通过总线连接，安装在机架或导轨上。无论哪种结构类型的PLC，都可根据用户的需要进行配置与组合。

整体式PLC结构框图如图1-71所示。

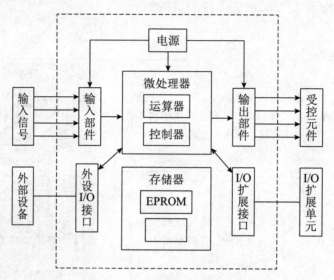

图1-71　整体式PLC结构框图

模块式PLC结构框图如图1-72所示。

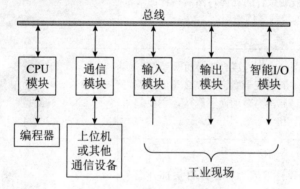

图1-72　模块式PLC结构框图

1. CPU

CPU在PLC控制系统中主要完成以下任务。

（1）接收并存储从编程器输入的用户程序和数据。

（2）接收并存储从输入接口得到的现场输入状态或数据。

（3）诊断电源、PLC内部各电路状态和用户编程中的语法错误。

（4）逐条读取用户程序，按指令控制有关的控制门电路。

（5）根据运算结果，实现输出控制、打印或数据通信等外部功能。

2．存储器

PLC主机内部配有两种不同类型的存储器。

（1）系统存储器（ROM区）：用于固化PLC生产厂家编写的各种系统工作程序。

（2）用户存储器（RAM区）：分为程序存储区、数据存储区和位存储区，功能如表1-14所示。

表1-14　分区功能

分　区	功　能
程序存储区	用来存储通过编程器输入的用户程序
数据存储区	存放中间运算结果、计数器和计时器的当前值以及系统运行必要的初始值
位存储区	存放输入、输出继电器、辅助继电器触点映象、定时器接点、计数器线圈、计数器接点、复位线圈等

3．输入/输出部件

PLC通过I/O单元与工业生产过程现场相联系，通过I/O接口可以检测被控对象和被控过程的各种参数，同时PLC又通过I/O接口将处理结果输送给被控设备或工业生产过程，以实现控制。

参数类型可以分为开关量、模拟量和脉冲量等，相应输入/输出模块可以分为数字量输入（DI）模块、数字量输出（DO）模块、模拟量输入（AI）模块、模拟量输出（AO）模块等。

4．电源

PLC内部有开关电源，可以将外部220V交流电转换为内部工作电压。

5．外设接口

外设接口电路用于连接手持编程器或其他图形编程器、文本显示器，并能通过外设接口组成的PLC控制网络。

1.2.5　任务评估

检查内容	检查结果	满意率		
线槽是否安装牢固，且线槽盖板是否盖好	是□　否□	100%□	70%□	50%□
工业安防系统硬件设备安装是否牢固	是□　否□	100%□	70%□	50%□
工业安防系统线路连接是否正确	是□　否□	100%□	70%□	50%□
PC端与PLC通信是否正常	是□　否□	100%□	70%□	50%□
PLC程序是否正确打开	是□　否□	100%□	70%□	50%□
工业安防系统调试是否正常	是□　否□	100%□	70%□	50%□
完成任务后使用的工具是否摆放、收纳整齐	是□　否□	100%□	70%□	50%□
完成任务后工位及周边的卫生环境是否整洁	是□　否□	100%□	70%□	50%□

1.2.6　拓展练习

▶ **理论题：**

1. 水浸传感器按检测原理分类可以分为（　　）。

A. 电阻式与光电传感式　　　　　　B. 电阻式与接触式

C. 分布式与分点式　　　　　　　　D. 光电式与非接触式

2. 线缆式水浸传感器相较于电极式水浸传感器、光电式水浸传感器，最大的优点是
（　　）。

A. 安装简单　　　　　　　　　　　B. 检测区域大

C. 具有良好防腐蚀性能　　　　　　D. 费用低廉

3. 图1-73所示的紧固件是（　　）。

图1-73　紧固体

A. 铆钉　　　　　　　　　　　　　B. 螺钉

C. 连接副　　　　　　　　　　　　D. 螺母

4. 数字量输出的表示方法为（　　）。

A. DI　　　　　　　　　　　　　　B. DO

C. AI　　　　　　　　　　　　　　D. AO

5. S7-200 SMART ST20型的输入点共有（　　）个。

A. 8　　　　　　　　　　　　　　 B. 12

C. 16　　　　　　　　　　　　　　D. 24

▶ **操作题：**

选取一款新的税金传感器，尝试绘制系统设计图。

1.3 任务3 工业产品老化测试系统安装与测试

1.3.1 任务描述

当工业产品研发进行到最后阶段时，势必要对其产品工作年限、电子元器件的可靠性进行测试，这关系到该产品是否能投放市场，其中工业产品老化测试尤其重要。某电器配件厂生产了一款按钮，现要求工业物联网实施人员小李根据任务工单要求完成工业产品按钮的老化测试。

任务实施过程中，首先使用线槽、接线端子等部件规范工程布线；然后安装电源模块、电动推杆、按钮、PLC模块等设备，实现设备与电源的连线，设备与设备之间的连线与配置，并使用万用表检测连通性；最后，利用PLC进行5000次以上的按钮老化测试。在此基础上，对系统进行升级，通过添加网关等设备，将测试数据实时上传到云端，让用户能查询到历史数据。

任务实施之后，进一步认识按钮、电工推杆等设备，以及老化测试的方法。

1.3.2 任务工单与准备

1.3.2.1 任务工单

任务名称	工业产品老化测试系统安装与调试				
负责人姓名	李××		联系方式	135××××××××	
实施日期	×年×月×日		预计工时	110min	
工作场地情况	室内生产现场，面积较大的空间；水电已通；普通装修				
工作内容					
设备选型	设备	型号	产品图片	设备	型号	产品图片
	微型电动推杆			继电器	MY3NJ	
	电动按钮	YJ139-LA38		电动按钮	YJ139-LA38	

41

设备选型	电动按钮	YJ139-LA38		警示灯-G	LTE-5061(G)	
	断路器	NXBLE-32-C6		西门子PLC	SIMATIC S7-200 SMART	
	单相电子式电能表	DDSU666		开关电源	DR-60-24	

	工序	工作内容	时间安排
进度安排	①	工业产品老化测试系统设备布局及安装	20min
	②	工业产品老化测试系统连接并检查线路	30min
	③	设备协议配置与通信	20min
	④	PLC程序下载与调试	20min
	⑤	测试后的调整与优化	20min
结果评估（自评）	完成 □　基本完成 □　未完成 □　未开工 □		
情况说明			
客户评估	很满意 □　满意 □　不满意 □　很不满意 □		
客户签字			
公司评估	优秀 □　良好 □　合格 □　不合格 □		

1.3.2.2　任务准备

1.明确任务要求

本次任务是使用PLC与继电器控制电动推杆完成伸、缩的过程：当电动推杆向前伸时按下按钮，接通电路，使绿灯亮起；电动推杆缩回时松开按钮，电路断开，绿灯熄灭。同时由PLC记录电动推杆的伸缩次数，直到完成规定的测试次数。

2.检查环境、设备

（1）确认工作环境安全，排除用电安全隐患。

（2）对照系统设计图检查设备是否正确安装、连接。

（3）检测PLC通信是否正常。

3. 安排好人员分工和时间进度

本任务可以安排一名设备调试员进行操作，预计用时110min。其中，预计使用20min安装设备，使用30min连接线路并检查线路，使用20min配置设备通信协议，确认网络畅通，使用20min完成PLC程序下载与调试，使用20min完成测试后的调整。

1.3.3 任务实施

1.3.3.1 工业产品老化测试系统设备硬件安装

根据图1-74所示的设备布局图选用相应的设备，使用相应耗材和工具安装设备，要求设备安装牢固，布局合理。

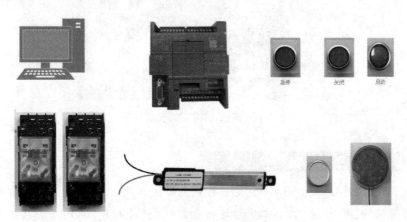

图1-74 工作产品老化测试系统设备布局图

1. 安装线槽

请参照任务1的操作要求和规范，结合实训工位尺寸情况，制作合适的线槽；挑选符合规格要求的螺钉、螺母和垫片，使用螺丝刀等工具完成线槽的安装。

2. 安装电源系统

请参照任务1的操作要求和规范，安装完成导轨后，将单相电子式电能表、断路器、开关电源通过卡扣安装于导轨上。由于本系统中使用的PLC、警示灯需要使用24V直流电，而电动推杆的额定电压为12V直流电，因此需要准备12V、24V直流电。实训架提供直流5V与直流12V的电源，安装的开关电源可以将220V交流电转换成24V直流电，满足系统的需求。

3. 安装控制系统

（1）安装PLC。

观察设备布局图可以发现，后续要安装的按钮和PLC的位置相近，且PLC和按钮均可采用标准导轨安装，因此在选择导轨时需要注意导轨的长度要足够容纳一个PLC和三个按钮。

PLC选用西门子的SIMATIC S7-200 SMART，请参照任务2的操作要求和规范使用标准导轨安装PLC。导轨安装完成后，将PLC卡放在导轨上，卡放时听见清脆的"咔哒"声，说明PLC已经成功卡放在导轨上，可以对PLC在导轨上的位置进行调整。

（2）安装按钮。

分别安装三个按钮，用于控制系统的开启、关闭与急停。两个自复位开关用于开启与关闭系统，一个自锁开关作为急停按钮。由于选用的按钮外层罩有按钮盒，使用螺钉安装固定后，不方便后续接线，因此可以使用标准导轨安装形式。将导轨安装完成后，将三个按钮卡放在导轨上。PLC和按钮的安装效果如图1-75所示。

图1-75　PLC和按钮的安装效果

知识链接：自锁开关与自复位开关

自锁开关（Self-Locking Switch）是一种常见的按钮开关。在第一次按按钮开关时，开关接通并保持，即自锁，在第二次按按钮开关时，开关断开，同时开关按钮弹出来，因为自锁开关自带机械锁定功能，因此按钮按下去以后，处于锁定状态，松手后按钮是不会完全跳起来的，需要再按一次解锁，才能完全弹起来，所以叫自锁开关。

自复位开关是指按钮无论按压到哪个位置，都会自动回到初始位置，自复位开关比较常见，如轻触开关、直键开关、微动开关、钮子开关等都有带自复位功能，多用于吹风机、电饭煲、计算机开机键、电磁炉、冰箱等。在电路上的理解是主板上的插接线的插接对象之一，手按下时发生短路，松开后又恢复开路，瞬间的短路会让计算机重启，相当于一个重启按钮。

---

4. 安装测试系统

（1）安装继电器。

继电器可以使用标准导轨安装，也可以使用螺钉、螺母进行安装。但与之相邻的设备不能使用标准导轨，因此可以使用十字盘头螺钉（M4×16）及相应的M4螺母、M4垫片将继电器安装在物联网实训架上。由于物联网实训架的孔位和继电器的孔位不能完全一致，可能会导致安装后的继电器稍有歪斜，继电器安装效果如图1-76所示。

（2）安装电动推杆。

观察电动推杆，发现其末端有一个孔位，可以使用十字盘头螺钉（M4×32）及相应的M4螺母、M4垫片固定，另一端则可以使用扎带固定。当电动推杆直接安装在物联网架子上时，如果和按钮位置之间存在如图1-77所示的状况时，伸出的推杆只触及按钮的边缘，会因力量不足而无法按下按钮。

图1-76　继电器安装效果

图1-77　电动推杆直接安装效果

因此，我们需要在安装电动推杆时使用多种方法将电动推杆垫高：将M4×32螺钉上旋上两枚国标六角M4螺母和一枚欧标T形螺母，如图1-78所示；在另一端使用热熔胶贴上一枚螺母垫高电动推杆，如图1-79所示，再使用M4螺母、M4垫片将电动推杆固定在物联网实训架上。

图1-78　垫高电动推杆1

图1-79　垫高电动推杆2

（3）安装按钮。

安装按钮前，先暂时给电动推杆通电，白线接+12V直流电，黑线接-12V直流电，在这样的通电状态下，让电动推杆走完行程，即伸缩杆伸到最长的状态，当电动推杆完全按住按钮，确定按钮安装的位置后，使用扎带固定按钮。电动推杆与按钮正确的安装效果如图1-80所示。

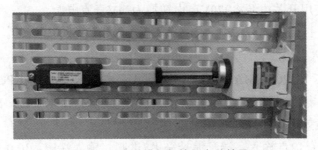

图1-80　电动推杆与按钮安装效果

（4）安装警示灯。

参照任务2的操作要求和规范，使用M4螺母与M4垫片将警示灯固定在物联网实训架上。

1.3.3.2 工业产品老化检测系统线路连接

图1-81是本任务的系统设计图，工程实施人员需要根据设计图进行线路连接与调试。

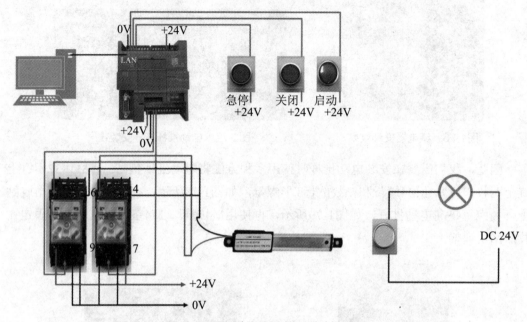

图1-81 工业产品老化检测系统设计图

在线路连接之前，先确认现场环境是否安全，检查设备是否处于断电状态，并准备好相应的工具和耗材，如用于剥线的剥线钳、固定线缆的螺丝刀、用于导线绝缘密封的绝缘胶带和红黑导线、黄色导线、蓝色导线等。

1. 电源系统线路连接

（1）开关电源接线。

单相电能表、断路器、开关电源在接线时需要注意分辨接线柱是输出端还是输入端，是零线接线柱还是火线接线柱，由于物联网实训架只提供直流5V与直流12V的电源，因此还需要使用开关电源将220V市电转换为24V直流电源。

单相电能表、断路器、开关电源的接线效果如图1-82所示。

（2）PLC输入端接线。

观察SIMATIC S7-200 SMART PLC铭文，可以发现PLC采用的CPU型号是ST20，需要用24V直流电供电。打开PLC顶部端盖，L+端子接24V直流电正极，M端子接24V直流电源负极，其接线效果如图1-83所示。

CPU ST20共有12点输入，端子编号采用8进制。输入端子为I0.0～I1.3，公共端为

1M。将1M端子接0V，也可直接将1M端连接至输入端的M端子。输入端子I0.0接启动按钮，输入端子I0.1接关闭按钮，输入端子I0.2接急停按钮，输入端子接线图如图1-84所示。

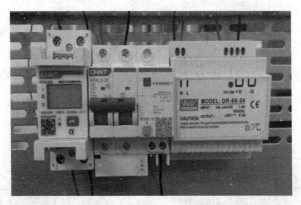

图1-82 单相电能表、断路器、开关电源接线效果

图1-83 接线效果   图1-84 PLC输入端子接线

与PLC相连的三个按钮在初始状态下，23、24号端口为常开端口，11、12号端口为常闭端口，用红色导线将PLC的输入端子与按钮的23号端口相连，按钮开关没有正负极，红色导线将24号端口接到24V直流电源的正极，如图1-85所示。

图1-85 按钮接线

接线时，可以将按钮从导轨上取下，用十字螺丝刀越过按钮盒将螺钉旋开，插入铜丝。插入铜丝时注意铜丝插入的位置，如果是从上往下插入铜丝，最好放在接线柱的右

侧，从下往上插入铜丝，则最好将铜丝放在接线柱的左侧，因为旋紧螺钉时是顺时针，这样放置可以使铜丝顺着方向旋紧。用十字螺丝刀顺时针将螺钉旋紧，固定导线，注意铜丝不能裸露，导线安装完成后再将按钮卡放回导轨。

（3）PLC设备输出端连线。

输出端子共有1组，8个输出端子，为Q0.0～Q0.7，输出回路电源支持24V直流电，2L+端用红色导线连接至24V直流电源正极，2M端用黑色导线连接至24V直流电源负极。

Q0.0端子用红色导线连接至继电器11号端子，用黑色导线将继电器10号端子接24V电源负极，形成回路，从而使PLC输出的信号可以控制线圈的通、断电，PLC的Q0.0与Q0.1分别连接至两个继电器的11端，如图1-86所示。

图1-86　PLC输出端接线

（4）继电器与电动推杆相连。

电动推杆有两条线，一黑一白。当白线接直流12V电源正极，黑线接直流12V电源负极时，电动推杆伸出；当白线接直流12V电源负极，黑线接直流12V电源正极时，电动推杆缩回。如果想要电动推杆产生伸缩的运动，需要注意两点：一是电流正负极可以受控制反转；二是每次连在电动推杆黑白线上的电极必须是一正一负。

观察继电器外观上喷印的管脚图，如图1-87所示，1、4、7号端口是一组，2、5、8号端口是一组，3、6、9号端口是一组。其中1、2、3号端口是常闭端口，4、5、6号端口是常开端口，7、8、9号端口是公共端口，10、11号端口是线圈。若1～11号端口都已经正确连线，正常情况下，1、7号端口连通，2、8号端口连通，3、9号端口连通；当线圈通电后，能产生电磁吸力，带动磁路的衔铁吸合，并使得触点发生变位动作，使得4、7号端口连通，5、8号端口连通，6、9号端口连通。

理论上可以只使用一个继电器时，完成电动推杆的伸缩接线，当继电器公共端口7连接12V直流电源正极，公共端口9连接12V直流电源负极，电动推杆与继电器端子的连接方式如图1-88所示。

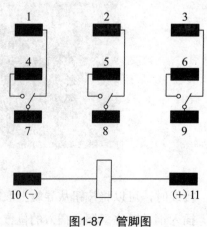

图1-87　管脚图

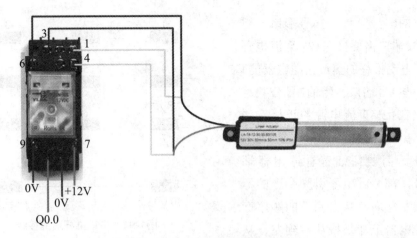

图1-88　使用一个继电器的接线方式

但是在实际应用中，推荐用户使用两个继电器完成接线，其接线方式如图1-89所示。继电器的11号端口分别接到PLC设备的Q0.0与Q0.1，继电器的10号端口接到0V。电动推杆的所有接线都接到继电器的常开端口，当PLC发出信号后再使线圈通电，衔铁吸合，原先常开的端子与公共端连通，电动推杆根据信号再做出伸或缩的动作。

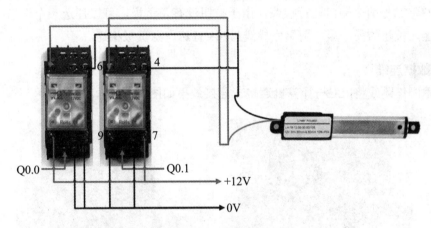

图1-89　使用两个继电器的接线方式

Q0.0发出的信号控制电动推杆往前伸，在接线时，让电动推杆的白线接继电器的6号端口，与6号端口一组的9号公共端口需要接在12V直流电源的正极，电动推杆的黑线接继电器的4号端口，与4号端口一组的7号公共端口需要接在12V直流电源的负极，如图1-90所示。

Q0.1发出的信号控制电动推杆往回缩，在接线时，让电动推杆的白线

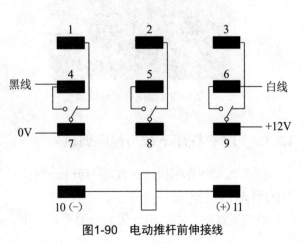

图1-90　电动推杆前伸接线

接继电器的6号端口，与6号端口一组的9号公共端口需要接在12V直流电源的负极，电动推杆的黑线接继电器的4号端口，与4号端口一组的7号公共端口需要接在12V直流电源的正极，如图1-91所示。

此外，需要仔细查看继电器端子的标号，部分继电器引脚图上的标号是按从左往右、从上到下的顺序标注，在继电器上却是按从右到左、从

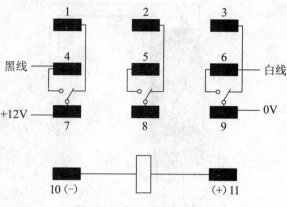

图1-91　电动推杆后缩接线

上到下的顺序标注，读者需加以识别。继电器与电动推杆的接线效果如图1-92所示。

（5）电源、警示灯和按钮连线。

此部分用于测试反馈，当电动推杆按下按钮，电路呈通路状态，警示灯亮起，导轨电动推杆缩回，电路呈断路状态，警示灯熄灭。此连线较为简单，使用红色导线将24V直流电源正极与警示灯的红线相连，用黑色导线将警示灯的黑线与按钮相连，仍然使用按钮的23、24号两个端口进行接线，由于按钮没有正负极，可以任选一个端口与警示灯黑线相连，按钮的另一端口用黑色导线与24V直流电源负极相连。

2. 数据连线

使用网络跳线将PLC与计算机连接，连接效果如图1-93所示。

图1-92　继电器接线效果

图1-93　PLC与计算机相连

1.3.3.3　PLC 程序下载与程序调试

查看PC端所在网段，在PC端打开step7程序，修改PLC的IP地址等参数，使PLC设备与PC端处于同一网段。

检查系统的连线，确认无误后给系统通电，将程序下载至PLC设备。PLC的编程在

本书的项目3中有具体介绍，用户可以从本书电子资源中获取PLC程序。

在运行程序时会发现，被测试按钮是用扎带固定在物联网实训架上，当按钮被电动推杆按下时，因受力不均产生位置的移动。针对该问题，可以对设备布局进行调整，让按钮背靠线槽，将警示灯移至另一侧。电动推杆按下按钮使警示灯亮起的效果如图1-94所示。

图1-94 警示灯亮起的效果图

1.3.4 知识提炼

1.3.4.1 按钮

按钮是最常见的电子元件，是用于切断和接通电路的低压开关电器。接通则电流可以通过，反之电流无法通过。在电气自动控制电路中，用于手动发出控制信号，以控制接触器、继电器、电磁起动器等。

1. 按钮的组成

按钮由按键、动作触头、复位弹簧、按钮盒组成，是一种电气主控元件。电气符号为SB，按钮（SB）助记符。有些功能的按钮有特定的助记符，如表1-15所示，对常闭、常开及复合按钮的结构和符号进行展示。

表1-15 按钮结构与符号

名称	结　　构	符　　号
常闭按钮	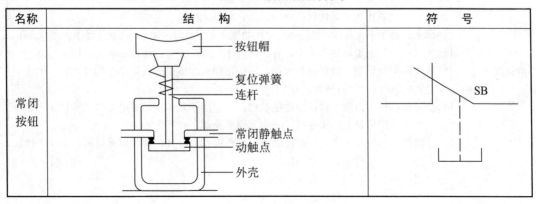	SB

名 称	结 构	符 号
常开按钮	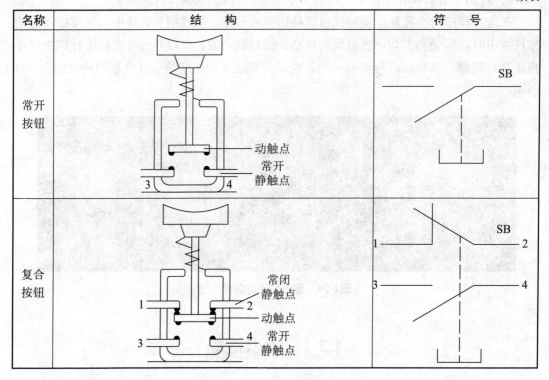 动触点 常开静触点 3　4	SB
复合按钮	常闭静触点 1　2 动触点 3　4 常开静触点	SB 1　2 3　4

2. 按钮的分类

按钮的分类方式有许多种，表1-16所示为列出的几种常见的分类方式。

表1-16　按钮分类

分类方式	分 类
按开关数分类	单键开关、双键开关和多键开关
按用途	波动开关、波段开关、录放开关、电源开关、预选开关、限位开关、控制开关、转换开关、隔离开关、智能防火开关等
按结构分类	开启式：适用于嵌装固定在开关板上 按钮：安装于控制柜或控制台的面板上。代号为K 保护式：带保护外壳，可以防止内部的按钮零件受机械损伤或人触及带电部分。代号为H 防水式：带密封的外壳，可防止雨水侵入。代号为S 防腐式：能防止化工腐蚀性气体的侵入。代号为F 防爆式：能用于含有爆炸性气体与尘埃的地方而不引起传爆，如煤矿等场所。代号为B 旋钮式：用手把旋转操作触点，有通断两个位置，一般为面板安装式。代号为X 钥匙式：用钥匙插入旋转进行操作，可防止误操作或供专人操作。代号为Y 紧急式：有红色大蘑菇钮头突出于外 自持按钮：按钮内装有自持用电磁机构，主要用于发电厂、变电站或试验设备中，操作人员互通信号及发出指令等，一般为面板操作。代号为Z 带灯按钮：按钮内装有信号灯，除用于发布操作命令外，兼作信号指示，多用于控制柜、控制台的面板上。代号为D 组合式：多个按钮组合。代号为E 连锁式：多个触点互相联锁。代号为C

3.按钮的相关参数

（1）额定电压。

开关在正常工作时允许的安全电压，加在开关两端的电压大于此值，会造成两个触点之间打火击穿。

（2）额定电流。

开关接通时允许通过的最大安全电流，超过此值时，开关的触点会因电流太大而烧毁。

（3）绝缘电阻。

开关的导体部分与绝缘部分的电阻值，绝缘电阻值在100MΩ以上。

（4）接触电阻。

开关导通的状态下，每对触点之间的电阻值，一般要求在0.1~0.5Ω以下，此值越小越好。

（5）耐压。

开关对于导体及地之间所能承受的最低电压。

（6）寿命。

开关在正常工作条件下能操作的次数，一般要求在5000~35000次左右。

1.3.4.2 电动推杆

电动推杆又名直线驱动器，主要是由电机推杆和控制装置等组成的一种新型直线执行机构，是将电动机的旋转运动转变为推杆的直线往复运动的电力驱动装置，因此被认为是旋转电机在结构方面的一种延伸。

1.电动推杆的组成与工作原理

电动推杆主要由驱动电机、减速齿轮、螺杆、螺母、导套、推杆、滑座、弹簧、外壳及涡轮、微动控制开关等组成。以微型电动推杆（H型结构）为例，其结构如图1-95所示。

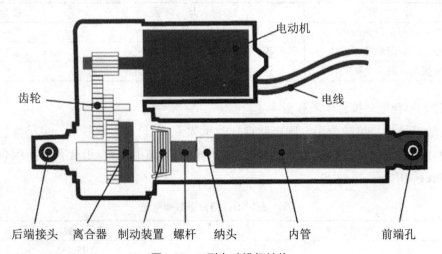

图1-95　H型电动推杆结构

24V直流电压接电机，正负两极电流循环驱动电机，电机带动齿轮，齿轮减速带动丝杆螺母,丝杆开始旋转,滚动纳头,纳头带动内管,从而往外推,推到顶端有限位开关,自动切断电流,推杆不动。反之,电流反向,内管往回缩,缩到底触碰限位开关,自动限位。

电动机经齿轮或涡轮螺杆减速后,带动一对丝杆螺母,把电动机的旋转运动变成直线运动,利用电动机正反转完成推杆动作。

2. 电动推杆的分类

电动推杆也有多种分类方式,表1-17所示为其中四种分类。

表1-17　电动推杆的分类

分类方式	分　类
按丝杠形式分类	梯形丝杆式、滚珠丝杆式、行星滚珠丝杆式、行星滚柱丝杆等
按减速形式分类	蜗轮蜗杆式、齿轮式
按电机类型分类	直流电机式（12/24/36V）、交流电机式（220/380V）、步进电机式、伺服电机式等
按用途分类	工业推杆、医疗推杆、家电推杆、家居推杆等

3. 电动推杆的相关参数

（1）理论最大承载量。

在电动推杆的使用过程中,应避免超载使用,否则易导致电动推杆毁坏、设备倒塌等,严重的会造成机毁人亡的后果,所以计算理论最大承载量时应乘以一定的安全系数,其计算公式为

理论最大承载量=最大载荷×使用安全系数

电动推杆的安全系数参考值如表1-18所示。

表1-18　安全系数参考值

分　类	场　景	安全系数
无冲击,载荷负荷惯性小	开关、阀门传送带切换装置	1.0～1.2
轻微冲击,载荷负荷惯性中等	各种移动装置、各种升降机	1.3～1.5
大冲击振动,载荷负荷惯性大	台车搬运东西,保持压延滚轮的位置	1.6～2.5

（2）单台电动推杆的承载量。

电动推杆如果单独使用,则电动推杆的承载量=理论最大承载量,电动推杆如果多台使用,则单台电动推杆的承载量=理论最大承载量/使用台数×组合系数,组合系数参考值如表1-19所示。

表1-19　组合系数参考值

使用台数	组合系数
2台	0.95
3台	0.9

续表

使用台数	组合系数
4台	0.85
5～8台	0.8

（3）单台电动推杆的工作制

单台电动推杆的工作制计算公式为

工作制=工作周期时间/（工作周期时间+停歇周期时间）

工作制为10min内工作时间的百分比，电动推杆的工作制为30%，滚珠丝杠电动推杆的工作制为50%，当实际负载小于额定负载时，可适当提高工作制。

（4）噪声值。

电动推杆的基础报价是基于标准噪声而定的。例如，家具和医疗板块应用的标准噪声通常小于52dB，而工业板块应用的标准噪声通常在55～65dB。如果对噪音有更高的要求，如要低于50dB甚至是48dB，则需要更换更低噪声的马达。

（5）行程。

一般电动推杆标准行程有100mm、150mm、200mm、250mm、300mm、350mm、400mm，特殊行程也可根据不同应用条件设计订做。

2. 电动推杆的应用

电动推杆在农业、工业、医疗设备、智能家居等方面都有广泛的应用。如图1-96所示，电动推杆可以应用在病床的伸缩折叠，以适合病人不同的需求；如图1-97所示，电动推杆可以应用在家具收纳柜中，使人们使用时更加省力。

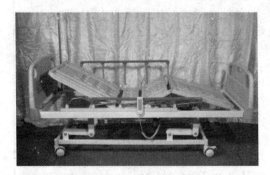
图1-96　电动推杆的临床应用

图1-97　电动推杆的家居应用

1.3.4.3　老化测试

老化测试项目是指模拟产品在现实使用条件中涉及的各种因素对产品产生老化的情况进行相应条件加强试验的过程。针对高性能电子产品，如计算机整机、显示器、终端机、车用电子产品、电源供应器、主板、监视器、交换式充电器等，可以仿真出高温、恶劣环节测试的设备。

1．老化试验方法

在我国主要采用的几种人工加速老化的试验方法如表1-20所示。

表1-20　老化试验方法

试验方法	对应英文	说　　明
复合老化	compound aging	采用氙弧灯或碳弧灯作为光源，其光谱能量分布基本与太阳光谱相似，并通过特殊的内外过滤器，模拟和强化高分子材料在自然气候中受到的光、热、空气、温度、湿度和降雨等主要老化破坏的环境因素，快速模拟不同气候的日光曝晒效果，从而获得近似于自然气候的耐候性
紫外灯老化	ultraviolet aging	通过紫外灯老化，能模拟雨水或露水以及阳光中的紫外线能量所引起的破坏，但这种试验只有当材料对紫外线较敏感时模拟才有效，不能模拟大气污染、生物破坏和咸水作用等区域性天气现象所引起的破坏
热老化	thermal aging	热可使高分子材料分子发生链断裂，从而产生自由基而老化，烘箱法老化试验是耐热性试验的常用方法，将产品置于选定条件的热烘箱内，加速产品在氧、热作用下的老化进程
湿热老化试验	damp heat test	湿热老化试验一般使用湿热试验箱，要求在一定的温度下（40℃～60℃），保持较高的相对湿度（90%RH以上）。提高试验温度有利于加速老化，但试验温度过高，破坏速度太快，不利于区别材料的优劣，而且脱离实际的试验意义不大。此外，相对湿度也不能达到100%RH。因为相对湿度达到100%RH时，试样表面出现大量的凝露水珠，这种情况近似于热水试验的环境，与湿热老化的环境不符
抗霉试验	mildew resistance test	在潮湿环境中也容易生霉，霉菌产生的破坏有： （1）会损坏电气和电子装置。例如，霉菌的生长会形成绝缘材料的电路，导致短路，或者影响紧密的电子线路的电器性能； （2）损坏光学装置，长霉会对光线的穿过产生不利影响，导致精密部件的性能降低； （3）影响外观，霉菌会影响设备或部件的外形美观，使用户不愉快。为了评价材料的长霉程度，通常采用人工抗霉试验。霉菌试验常用的菌种有黑曲霉、黄曲霉、杂色曲霉、青霉、球毛壳霉等。因为不同材料遭受的侵蚀破坏的霉菌种类有所不同，因此，不同设备的材料不同，要选用不同的试验菌种。人工抗霉试验的周期一般为28天
盐雾试验	salt spray test	当盐雾的微粒沉降附着在产品的表面上时，会迅速吸潮溶解成氯化物的水溶液，在一定的温湿条件下，溶液中的氯离子通过材料的微孔逐步渗透到内部，引起材料的老化或金属的腐蚀。通常试验温度为35℃，pH值为6.5～7.2，湿度不小于90%RH
耐寒试验	hardiness test	耐寒性是指设备抵抗低温引起性能变化的能力，低温环节能引起设备工作中断

2．工业检测设备

在测试设备时，常常用到老化房，又称烧机房（Burn-In Room），是各种老化试验中常用的设备之一，广泛应用于电子、计算机、通信等领域，具体如表1-21所示。

表1-21 检测设备

检测设备	说 明	图 片
恒温恒湿试验箱	用于检测材料在各种环境下性能的设备，可试验各种材料的耐热、耐寒、耐干、耐湿性能	
沙尘试验箱	模拟自然界风沙气候对产品的破坏性，适用于检测产品的外壳密封性能	
淋雨试验箱	用于外部照明、信号装置及汽车灯具外壳防护，能够提供逼真的模拟电子产品及其元器件在运输和使用期间可能受到的淋水和喷淋试验等各种环境，以测试产品的抗水性	
冷热冲击试验箱	用于测试材料结构或复合材料，在瞬间的极高温及极低温的连续环境下忍受的程度	
盐雾腐蚀试验箱	考核对材料及其防护层的盐雾腐蚀能力，适用于零部件、电子元器件、金属材料的防护层以及工业产品的盐雾腐蚀试验	

续表

检测设备	说　明	图　片
跌落试验机	跌落高度：300～1500mm，专用于测试产品包装受到坠落之后的受损情况，及评估运输搬运过程时的耐冲击强度	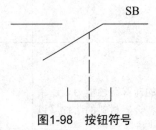

1.3.5　任务评估

检查内容	检查结果	满意率
线槽是否安装牢固，且线槽盖板是否盖好	是□　否□	100%□　70%□　50%□
工业产品老化测试系统硬件设备安装是否牢固	是□　否□	100%□　70%□　50%□
工业产品老化测试系统线路连接是否正确	是□　否□	100%□　70%□　50%□
以太网通信网络通信实操正常	是□　否□	100%□　70%□　50%□
PC端与PLC通信是否正常	是□　否□	100%□　70%□　50%□
PLC程序打开是否正确	是□　否□	100%□　70%□　50%□
工业产品老化测试是否正常	是□　否□	100%□　70%□　50%□
完成任务后使用的工具是否摆放、收纳整齐	是□　否□	100%□　70%□　50%□
完成任务后工位及周边的卫生环境是否整洁	是□　否□	100%□　70%□　50%□

1.3.6　拓展练习

▶ 理论题：

1. 图1-98所示的符号，其表示的按钮类型是（　　）。

SB

图1-98　按钮符号

A. 常闭按钮　　　　　　　　　　　　　　B. 常开按钮

C. 复合按钮　　　　　　　　　　　　　　D. 单键按钮

2. 在本任务中使用的继电器与电动推杆，以下接线方式可以完成电动推杆前伸的是（　　）。

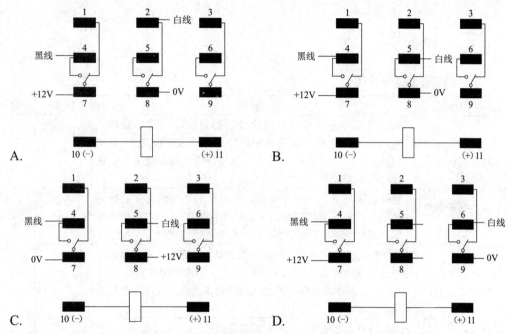

3. 以下按钮开关在正常工作条件下能操作的次数不符合要求的是（　　）。

A. 500

B. 5000

C. 10000

D. 20000

4. 有两台电动推杆在同时使用，其理论最大承载量为500N，则单台电动推杆的承载量是（　　）。

A. 250N

B. 237.5N

C. 1000N

D. 112.5N

5. 耐寒试验可以用以下（　　）设备完成？

A. 淋雨试验箱

B. 跌落试验机

C. 盐雾腐蚀试验箱

D. 恒温恒湿试验箱

▶▶ **操作题：**

尝试将工业产品老化测试系统的数据上传到云端，并以组态的形式展示数据。

1.4 项目总结

1. 任务完成度评价表

任务	要求	权重	分值
工业环境监测系统安装与调试	能够根据任务工单和系统设计图的要求，完成工业环境监测系统的硬件设备安装和线路连接；能够实现PC端与ADAM4017正常通信；能够实现噪声信号的正确采集；通过检测与调试确保系统正常运行	30	
工业安防设备安装与检测	能够根据任务工单和系统设计图的要求，完成工业安防系统硬件设备安装和线路连接；能够实现PC端与PLC正常通信；通过检测与调试确保工业安防系统正常运行	30	
工业产品老化测试系统安装与测试	能够根据任务工单和系统设计图的要求，完成工业产品老化测试系统硬件设备安装和线路连接；能够实现以太网、PC与PLC之间正常通信；通过检测与调试确保工业产品老化系统正常运行	30	
总结与汇报	呈现项目实施效果，做项目总结汇报	10	

2. 总结反思

项目学习情况：

心得与反思：

项目 2
无线传感网系统搭建与开发

项目概况 ▶

　　无线传感网络是一种分布式传感网络，其末梢是可以感知和检查外部世界的传感器。WSN中的传感器通过无线方式通信，因此网络设置灵活，设备位置可以随时更改，还可以与互联网进行有线或无线方式的连接。通过无线通信方式形成的一个多跳自组织网络。

　　小郑是本项目实施人员，工作中他运用专业知识与技能，以无线传感网组网需求为指引，在特定场景中凭借规范、严谨的专业素养，完成ZigBee环境配置与组网、ZigBee无线环境监测系统程序应用与调试，以及ZigBee RS-485通信程序开发。

　　通过本项目学习，读者能够根据无线传感网组网与应用需求配置ZigBee环境，实现ZigBee组网；能针对无线环境监测应用场景编写和调试ZigBee程序；能运用ZigBee RS-485程序开发的步骤和方法，实现ZigBee RS-485通信；能够理解ZigBee网络的特点、网络拓扑、ZigBee和Zstack协议栈组网机理和RS-485通信原理；能运用系统故障排查的方法与技巧排除故障。

2.1 任务 1 ZigBee 环境配置与组网

2.1.1 任务描述

ZigBee技术是一种短距离、低功耗的无线传感通信技术。其特点是近距离、低复杂度、自组织、低功耗、低数据速率，特别适合用于组建无线传感网络，还可应用于小范围的基于无线通信的控制及自动化等领域。由于工业现场存在大量设备，一些特定的设备对温湿度等环境变化比较敏感，需要管理和技术人员进行常态化环境监测。本任务要求工程技术人员小郑运用ZigBee技术组建无线监控网络，对温湿度、火焰等状态进行实时监测。

任务实施之前，需要认真分析目前选用的ZigBee模块的特点与功能，了解ZigBee配置流程与功能验证方法，充分做好任务实施之前的准备工作。

任务实施过程中，首先安装与配置完成IAR开发环境，创建工程并设置相关的工程选项参数，根据组网要求对ZigBee源代码进行针对性修改；然后根据系统框图完成火焰传感器、温湿度传感器、ZigBee网关、ZigBee节点、链路器等设备的安装与连接；最后，使用IAR编译器或 Flash Programmer软件实现ZigBee模块的程序烧写，并登录云平台进行组网测试。实践过程中要体现严谨细致的工作态度，每一个细节都要考虑得周密、严谨、细致。

任务实施之后，进一步认识ZigBee网络的基本情况、特点、网络拓扑模型和应用范围。

2.1.2 任务工单与准备

2.1.2.1 任务工单

任务名称	ZigBee环境配置与组网		
负责人姓名	郑××	联系方式	182××××××××
实施日期	2022年×月×日	预计工时	120min
工作场地情况	室内，空间约60m²，水电已通，已装修，能连接外网		
工作内容			
设备选型	设备	型号	产品图片
	网关	ITS-IOT-GW24WEA	

设备选型	ZigBee协调器	ZB-GW	
	ZigBee 节点	ZB-ND	
	DHT11（温湿度传感器）	DHT11	
	火焰传感器	YL-38	
	继电器	光耦隔离1路继电器	

	工序	工作内容	时间安排
进度安排	①	IAR环境安装与配置	20min
	②	链路器配置	10min
	③	ZigBee程序修改与下载	20min
	④	硬件固定安装	20min
	⑤	云平台应用	20min
	⑥	系统调试与结果验证	30min

结果评估（自评）	完成□　基本完成□　未完成□　未开工□
情况说明	
客户评估	很满意□　满意□　不满意□　很不满意□
客户签字	
公司评估	优秀□　良好□　合格□　不合格□

2.1.2.2 任务准备

1.明确任务要求

本次任务是借助提供的工具包、软件安装包实施ZigBee环境安装与配置，根据组网要求对ZigBee程序进行修改，并将修改后的程序烧写到ZigBee模块中，最后通过中盈创新物联网云平台进行组网测试和远程变量监测。

2.检查环境、设备

（1）确认工作环境安全，排除用电安全隐患。

（2）对照系统设计图检查设备是否正确安装、连接。

（3）检测网络是否畅通，设备是否在线。

（4）检测链路器、ZigBee节点是否工作正常。

（5）确认开发环境是否能够正常使用。

3.安排好人员分工和时间进度

本任务可以由1名设备调试员操作完成，预计用时120min。其中环境安装与配置20min，链路器配置10min，ZigBee程序修改与下载20min，硬件固定安装20min，云平台应用20min，系统调试与结果验证30min。

2.1.3　任务实施

2.1.3.1 ZigBee 环境安装与配置

1. IAR Embedded Workbench IDE 开发环境安装

打开"软件安装包"文件夹，如图2-1所示，选择并运行"EW8051-10201-Autorun"IAR安装程序，如图2-2所示。

图2-1　软件安装包文件夹　　　　　　　　　　图2-2　安装程序

在弹出的对话框中选择Install IAR Embedded Workbench for 8051选项，如图2-3所示；单击Next按钮，在弹出的对话框中选中"I accept the terms of the license agreement"单选按钮，如图2-4所示；单击Next按钮，在弹出的对话框中单击Change按钮，选择IAR软件的安装路径，如图2-5所示，再单击Next按钮，在弹出的对话框中选中Complete单选按钮，如图2-6所示，单击Install按钮，开始软件安装，安装过程如图2-7所示；软件安装完成后取消勾选View the release notes和Launch IAR Embedded Workbencd两个复选框，单击Finish按钮完成安装，如图2-8所示。

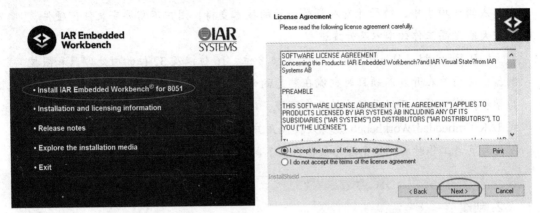

图2-3　IAR软件安装界面　　　　　　　　图2-4　浏览确认许可协议的条款

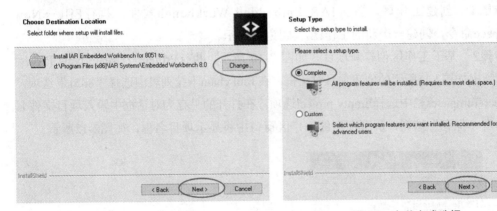

图2-5　安装路径选择　　　　　　　　　　图2-6　安装方式选择

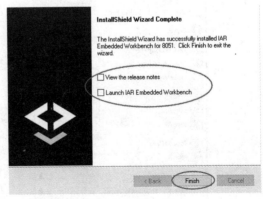

图2-7　软件安装过程　　　　　　　　　　图2-8　安装完成确认

知识链接：IAR Embedded Workbench 开发工具

IAR Embedded Workbench 是一个集成开发环境工具。为用户提供各种模拟软件支持，便于开发者进行产品开发。IAR ewarm 编译器、汇编器以及链接器在一个完全集成的环境当中，给予开发人员最全面的技术支持，用户不需要安装任何硬件，能极大地提高工作效率以及开发进程。

IAR Embedded Workbench 适用于大量 8 位、16 位以及 32 位的微处理器和微控制器，使用户在开发新项目时也能在熟悉的开发环境中进行。其为用户提供了一个易学和具有大量代码继承能力的开发环境，以及对大多数和特殊目标的支持。嵌入式 IAR Embedded Workbench 能有效提高用户的工作效率，通过 IAR 工具，用户可以大大节省工作时间。这个理念被称为"不同架构，同一解决方案"。

2. 创建

按照如下的操作步骤，完成工程的创建。

步骤1 创建工作区。打开IAR Embedded Workbench软件，执行File→New Workspace命令，创建一个新的工作区，如图2-9所示。

步骤2 基于工作区创建新项目。如图 2-10 所示，执行Project→Create New Project命令，弹出如图2-11所示的创建项目对话框，在Tool chain下拉列表中选择"8051"选项，在Project Templates栏中选择Empty project选项，在打开的另存为对话框中输入项目文件名称，单击"保存"按钮，屏幕左侧的工作区窗口中将显示项目名称，如图2-12所示。

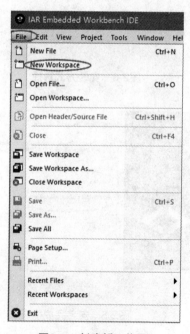

图2-9　创建新工作区

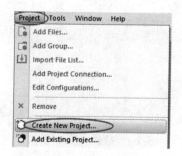

图2-10　新建项目

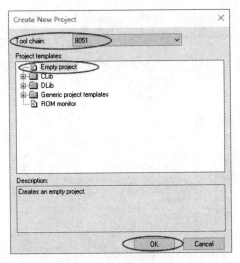

图2-11　创建项目选项

图2-12　项目名称

步骤3　手动保存工作区。执行File→Save Workspace命令，打开保存工作区窗口，在文件名框中输入工作区名称，单击"保存"按钮完成操作，如图2-13所示。

图2-13　工作区保存

步骤4　新建配置文件userConfig.cfg。找到项目的存储目录，在项目存储目录下新建一个文件夹sourse，以方便管理代码，如图2-14所示。执行File→New File命令，在工作区中会添加一个新的文件，再次执行File→Save命令，打开"另存为"窗口，如图2-15所示，输入文件名userConfig.cfg，文件保存类型选择All files（*.*），单击"保存"按钮完成操作。

名称	修改日期	类型	大小
settings	2022/1/7 10:41	文件夹	
sourse	2022/1/7 10:47	文件夹	
SampleApp.dep	2022/1/7 10:42	DEP 文件	1 KB
SampleApp.ewd	2022/1/7 10:42	EWD 文件	51 KB
SampleApp.ewp	2022/1/7 10:42	EWP 文件	78 KB
SampleApp	2022/1/7 10:42	IAR IDE Worksp...	1 KB

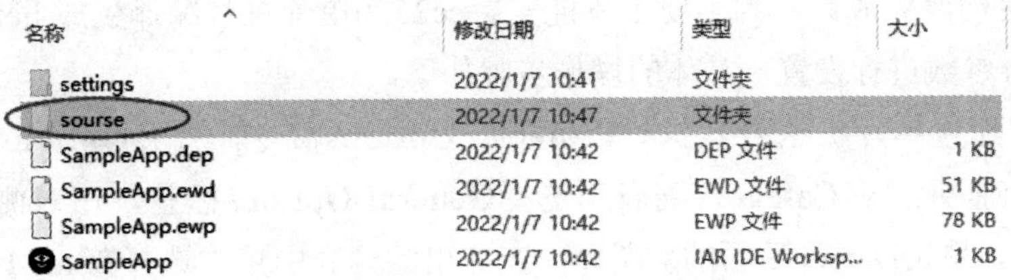

图2-14　sourse配置文件夹

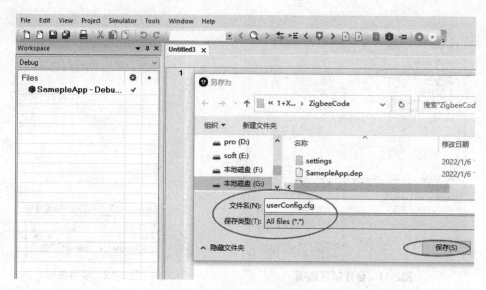

图2-15 配置userConfig.cfg

步骤5 添加存放信道信息的配置文件userConfig.cfg。如图2-16所示，右击项目名称SamepleApp，在弹出的快捷菜单中选择Add→Add Files选项，在打开的窗口中选择刚刚新建的userConfig.cfg文件，单击"打开"按钮，把userConfig.cfg文件添加到项目中。以同样的方法创建存放传感器地址信息的配置文件userConfig.h，项目结构如图2-17所示。

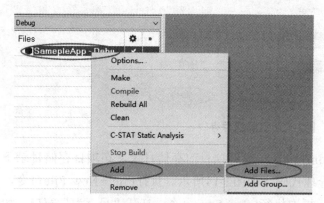

图2-16 添加userConfig.cfg文件

图2-17 项目结构

3. 配置工程选项参数

工作项目创建完成后，为了使工程能支持cc2530单片机且编译生成.hex文件，需要对项目的部分参数进行设置，具体的操作步骤如下。

步骤1 配置单片机型号。执行Project→Options命令，打开Options for node窗口，如图2-18所示，在Category列表中选择General Options标签，在右侧窗格中选择Target选项卡，单击Device后面的 图标，在弹出的列表中依次选择Texas Instruments→CC25××→3×→CC2530F256选项，单击OK按钮。

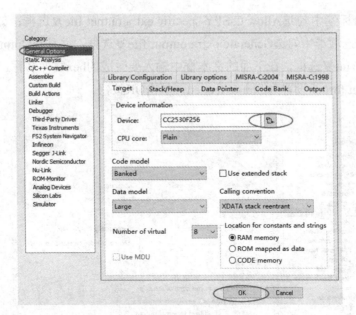

图2-18　单片机型号配置界面

步骤2　配件硬件仿真。执行Project→Options命令，打开Options for node窗口，如图2-19所示，在Category列表中选择Debugger选项，在右侧窗格中选择Setup选项卡，在Driver标签中选择Texas Instruments选项，单击OK按钮。

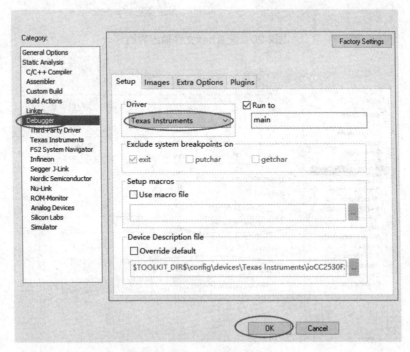

图2-19　仿真配置界面

步骤3　配置HEX输出文件。执行Project→Options命令，打开Options for node窗口，如图2-20所示，在Category列表中选择Linker标签，在右侧Output选项

卡中的Format标签中勾选Allow C-SPY-specific extra output file复选框；如图2-21所示，在Extra Output选项卡中勾选Generate extra output file复选框，并且在Output file标签中勾选Override default复选框，在下面的文本框中输入要生成的hex文件名称，最后在Format标签中将Output format设置为intel-extended，单击OK按钮。

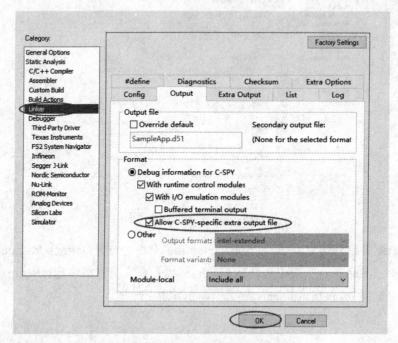

图2-20　配置hex文件输出界面

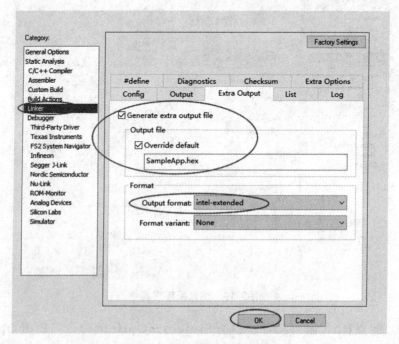

图2-21　修改hex文件名称界面

知识链接：hex 文件

hex 的全称是 Intel hex，此类文件通常用于传输将被存储于 ROM 或者 EPROM 中的程序和数据。是由一行行符合 hex 文件格式的文本所构成的 ASCII 文本文件。hex 文件格式是可以烧写到单片机中，被单片机执行的一种文件格式，生成 hex 文件的方式有很多种，可以通过不同的编译器将 C 程序或者汇编程序编译生成 hex 文件。

至此，ZigBee项目创建与工程参数配置已经全部完成。首次使用IAR Embedded Workbench IDE的情况下需要重新创建工作区、新工程与工程参数配置，如果是打开现有工程文件则不需要经过以上流程，直接双击打开工程文件即可。

4. ZigBee程序修改与参数配置

依据组网要求对ZigBee源代码进行针对性修改。

（1）userConfig.cfg文件配置。

下面修改userConfig.cfg文件中的代码，代码如图2-22所示。代码第3行ZDAPP_CONFIG_PAN_ID表示网关组号，取值范围为0x0000～0xFFFF。需要注意在同一个区域和同一信道，如果存在多个网关，网关组号必须不同，否则容易冲突。代码第8行DEFAULT_CHANLIST表示ZigBee的工作信道，同一ZigBee网络中，所有节点信道必须相同。此次任务信道采用11号信道，如果选择其

图2-22　信道配置文件内容

他信道，必须要将当前使用信道禁用（工作信道），同一网络中不可有多个信道共存。

（2）导入异步串口库文件。

如图2-23所示，在已提供的代码中，右击项目名称SamepleApp，在弹出的快捷菜单中选择Add→Add Files选项，在打开的窗口中选择uart异步串口hal库头文件hal_uart.h，单击"打开"按钮完成操作。

图2-23　导入串口库文件

知识链接：异步串口通信

UART（异步串口）是单片机常用的一个功能，一般用作设备或模块间通信的一种方式。通常所说的 RS-232 或 RS-485 通信，写程序的角度来说就是使用 UART 进行通信。异步串行通信是指通信双方以一个字符（包括特定附加位）作为数据传输单位且发送方传送字符的间隔时间不一定，具有不规则数据段传送特性的串行数据传输。异步串行通信的数据格式通信数据帧的第一位是开始位，在通信线上没有数据传送时处于逻辑"1"状态。当发送设备要发送一个字符数据时，首先发出一个逻辑"0"信号，这个逻辑低电平就是起始位。起始位通过通信线传向接收设备，当接收设备检测到这个逻辑低电平后，就开始准备接收数据位信号。因此，起始位所起的作用就是表示字符传送开始。

当接收设备收到起始位后，紧接着就会收到数据位。数据位的个数可以是5、6、7或8位的数据。在字符数据传送过程中，数据位从最低位开始传输。数据发送完之后，可以发送奇偶校验位。奇偶校验位用于有限差错检测，通信双方在通信时需约定一致的奇偶校验方式。就数据传送而言，奇偶校验位是冗余位，其表示数据的一种性质，这种性质用于检错，虽有限但很容易实现。在奇偶位或数据位之后发送的是停止位，可以是1位、1.5位或2位，停止位一直为逻辑"1"状态。停止位是一个字符数据的结束标志。

在异步通信中，字符数据一个一个地传送。在发送间隙，即空闲时，通信线路总是处于逻辑"1"状态，每个字符数据的传送均以逻辑"0"开始。

（3）修改波特率。

打开userConfig.h串口配置文件，如图2-24所示，修改串口参数。第23行HAL_UART_BR表示串口网关的波特率，波特率设0置必须与网关串口波特率相同，否则无法通信。"Node_Address"表示ZigBee节点模块地址，必须对应去平台节点的从机地址。

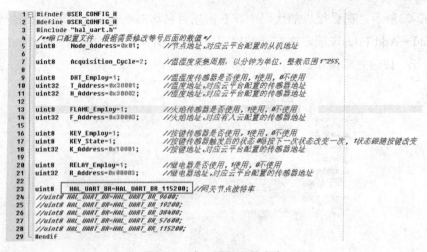

图2-24　串口配置文件内容

2.1.3.2 　硬件环境搭建

1. 火焰传感器与温湿度传感器连接

根据图2-25所示的ZigBee节点连接框图，使用杜邦线连接ZigBee节点与继电器、火焰传感器、DHT11温湿度传感器、按键等器件，连接效果如图2-26所示。

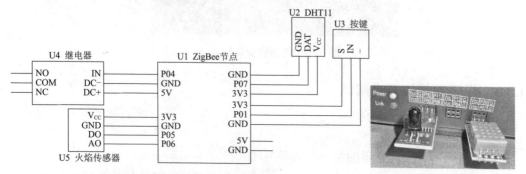

图2-25 　ZigBee节点连接框图（临时用）　　图2-26 　ZigBee连接示例图（临时用）

2. ZigBee网关连接与安装

根据图2-27所示的ZigBee网关连接框图，使用杜邦线连接串口网关、RS-232、ZigBee网关等器件，连接安装效果如图2-28所示。

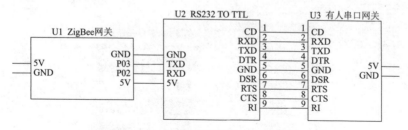

图2-27 　ZigBee网关连接框图（临时用）

图2-28 　ZigBee网关连接实物图（临时用）

3. 链路器、ZigBee网关及ZigBee节点安装

在中盈创信物联网实训架选择合适的位置进行安装，链路器、ZigBee网关及ZigBee节点的安装位置如图2-29所示。首先，挑选合适的螺钉、螺母和垫片，做好安装前的准

备工作；然后在物联网实训架上安装ZigBee节点及ZigBee网关支架，将ZigBee节点及ZigBee网关卡在支架上；最后在物联网实训架上安装链路器。

图2-29　各器件安装位置

2.1.3.3　程序下载与网络测试

1. ZigBee程序下载

ZigBee烧录程序目前常用的主要有两种方法。

方法1：使用ZigBee配套仿真器实现ZigBee节点、ZigBee网关与计算机的连接；使用IAR编译器编译程序，完成后单击开发环境中的 ⬇ 按钮，将程序烧写到ZigBee芯片上，如图2-30所示。

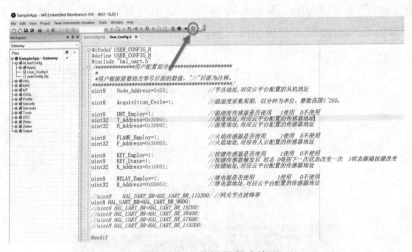

图2-30　IAR编译器程序烧写

方法2：安装好Flash Programmer程序烧写软件；使用配套仿真器模块实现计算机与ZigBee节点或网关的连接；打开Flash Programmer程序，在Flash处选择要烧写的hex文件，如Gateway.hex；之后在Actions栏中选中Erase and program单选框，单击Perform actions按钮进行程序烧写，如图2-31所示。

2. ZigBee组网测试

当ZigBee节点与网关程序烧写完成后，根据硬件连接图连接好所需硬件，之后登录中盈创信云平台进行组网测试。可在计算机浏览器中打开"https://iot.intransing.net/"地址，输入相关账号与密码登录物联网云平台，如图2-32所示。

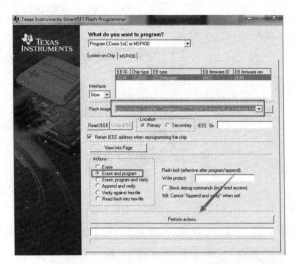

图2-31　Flash Programmer程序烧写

图2-32　登录中盈创信云平台

　　成功登录之后，查看设备概况，确认多模链路器是否在线，如设备在线则网络正常，如图2-33所示。此时需要单击打开平台中的"ZigBee组网验证平台"项目，进入"变量概况"监测界面，如图2-34所示。注意关注温度、湿度、火焰等变量的具体数值，若当前界面上有正常显示的数值，则证明相关ZigBee节点组网成功，反之则说明失败。

图2-33　设备概况界面

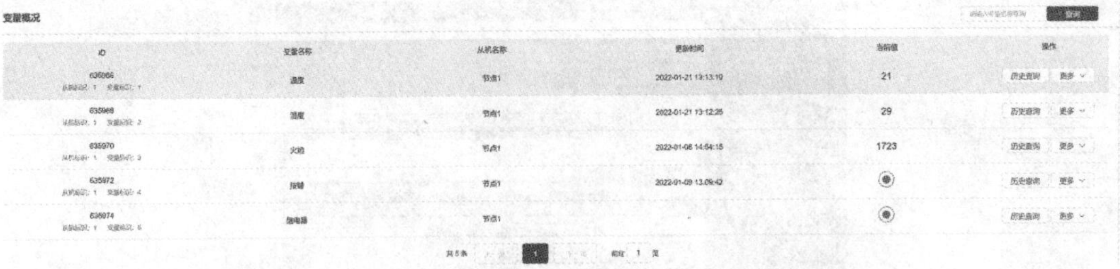

图2-34　变量监测界面

知识链接：变量

　　变量来源于数学，是计算机语言中用来储存计算结果或表示值的抽象概念。在一些语言中，变量可能被明确为表示可变状态、具有存储空间的抽象概念（如在Java和Visual Basic中）；但另外一些语言可能使用其他概念（如C的对象）来定义这种抽象概念，而不严格地定义"变量"的准确外延。由于变量能够把程序中准备使用的每一段数据都赋给一个简短、易于记忆的名字，因此十分有用。变量可以保存程序运行时用户输入的数据（如使用InputBox()函数在屏幕上显示一个对话框，然后把用户输入的文本保存到变量中）、特定运算的结果以及要在窗体上显示的一段数据等。简而言之，变量是用于跟踪几乎所有类型信息的简单工具。

2.1.4　知识提炼

2.1.4.1　ZigBee 网络概述

　　ZigBee也称紫蜂，是一种低速短距离传输的无线网络协议，底层采用IEEE 802.15.4标准规范的媒体访问层与物理层。主要特色有低速、低耗电、低成本、低复杂度、快速、可靠、安全，支持大量网络节点，支持多种网络拓扑。

　　ZigBee是一项新型的无线通信技术，适用于传输范围短、数据传输速率低的一系列电子元器件设备之间。ZigBee无线通信技术可用于数以千计的微小传感器之间，依托专门的无线电标准达成相互协调通信，因而该项技术常被称为Home RF Lite无线技术、FireFly无线技术。ZigBee无线通信技术还可应用于小范围的基于无线通信的控制及自动化等领域，可省去计算机设备、数字设备之间的有线电缆，更能够实现多种不同数字设备之间的无线组网，使其实现相互通信，或者接入因特网。

　　ZigBee无线通信技术是基于蜜蜂之间的联系方式而研发的一项应用于互联网通信的网络技术。相较于传统网络通信技术，ZigBee无线通信技术具有更高效、便捷的特征。

作为一项近距离、低成本、低功耗的无线网络技术，ZigBee无线通信技术关于组网、安全及应用软件方面的技术是基于IEEE 802.15.4无线标准。该项技术尤为适用于数据流量偏小的业务，可便捷地在固定式、便携式移动终端进行安装，与此同时，ZigBee无线通信技术还可实现GPS功能。

ZigBee技术本质上是一种速率比较低的双向无线网络技术，其由IEEE 802.15.4无线标准开发而来，拥有低复杂度、短距离、低成本、低功耗等优点。其使用了2.4GHz频段，这个标准定义了ZigBee技术在IEEE 802.15.4标准媒体上支持的应用服务。ZigBee联盟的主要发展方向是建立一个基础构架，这个构架基于互操作平台以及配置文件，并拥有低成本和可伸缩嵌入式的优点。搭建物联网开发平台，有利于研究成果的转化和产学研究，是实现物联网的简单途径。

近年来，由于无线接入技术的需求日益增大，无线通信和无线网络均呈现出指数增加的趋势。这有力地推动了无线通信向高速通信方向的发展。然而，工业、农业、车载电子系统、家用网络、医疗传感器和伺服执行机构等都是无线通信还未涉足或者刚刚涉足的领域。这些领域对数据吞吐量的要求很低，功率消耗也比现有标准提供的功率消耗低。此外，为了促使简单方便的、可以随意使用的无线装置大量涌现，需要在未来的个人活动空间内布置大量的无线接入点，因而价格将起到关键的作用。为了降低元器件的价格，以便于这些装置批量生产，有必要找到一个标准的解决方案。这个标准要解决的问题是，设计一个维持最小流量的通信链路和低复杂度的无线收发信机；要考虑的核心问题是低功耗和低价格的设计。这就要求该标准应提供低带宽、低数据传输速率的应用。

2.1.4.2　ZigBee 网络特点

数据传输速率低：10～250KB/s，专注于低传输应用。

功耗低：在低功耗待机模式下，两节普通5号电池可使用6～24个月。

成本低：ZigBee数据传输速率低，协议简单，所以大大降低了成本。

网络容量大：网络可容纳65 000个设备。

时延短：时延通常都在 15～30ms 之间。

安全：ZigBee提供数据完整性检查和鉴权功能，采用AES-128加密算法（美国新加密算法，是目前最好的文本加密算法之一）。

2.1.4.3　ZigBee 网络拓扑模型

ZigBee网络拓扑结构主要有星形、网状和簇形网络，如图2-35所示。不同的网络拓扑对应不同的应用领域，在ZigBee无线网络中，不同的网络拓扑结构对网络节点的配置也不同，网络节点的类型有协调器、路由器和终端节点。

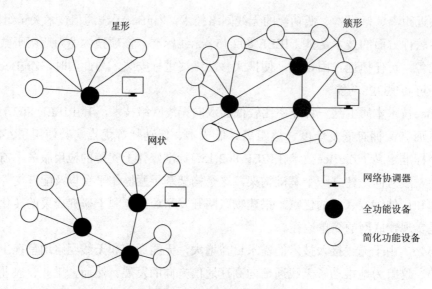

图2-35　网络拓扑图模型

MESH网状拓扑结构的网络具有强大的功能，网络可以通过多级跳的方式来通信；该拓扑结构还可以组成极为复杂的网络；网络还具备自组织、自愈功能。

2.1.4.4　ZigBee 网络应用范围

ZigBee已广泛应用于物联网产业链中的M2M行业，如智能电网、智能交通、智能家居、金融、移动POS终端、供应链自动化、工业自动化、智能建筑、消防、公共安全、环境保护、气象、数字化医疗、遥感勘测、农业、林业、水务、煤矿、石化等领域。如图2-36所示。

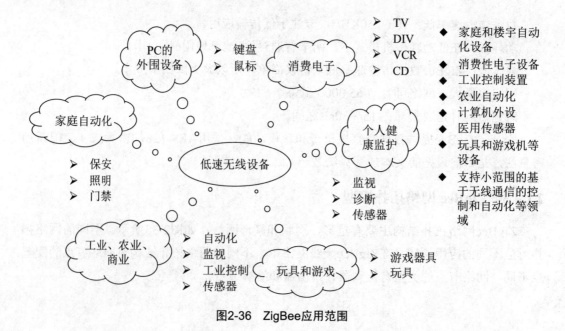

图2-36　ZigBee应用范围

2.1.5　任务评估

检查内容	检查结果	满意率		
IAR集成开发环境安装是否正确	是□　否□	100%□	70%□	50%□
IAR集成开发环境注册是否成功	是□　否□	100%□	70%□	50%□
IAR工程参数配置是否掌握	是□　否□	100%□	70%□	50%□
IAR新建工作区与新建工程是否掌握	是□　否□	100%□	70%□	50%□
ZigBee信道配置方法是否掌握	是□　否□	100%□	70%□	50%□
ZigBee串口波特率配置方法是否掌握	是□　否□	100%□	70%□	50%□

2.1.6　拓展练习

1. ZigBee组网信道信息在（　　　）配置文件中修改。

A. userConfig. cfg　　　　　　　　　　　B. userConfig. h

C. userConfig. exe　　　　　　　　　　　D. user. cfg

2. 修改（　　）配置文件，能确定波特率。

A. hal_uart. h　　　　　　　　　　　　　B. userConfig. h

C. userConfig. exe　　　　　　　　　　　D. user. cfg

3. 代码HAL_UART_BR ＝ HAL_UART_BR_115200，能实现（　　　）功能。

A. ZigBee信道修改　　　　　　　　　　B. ZigBee PAN ID修改

C. 组网波特率修改　　　　　　　　　　D. 无法修改

4. ZigBee网络的特点有（　　　）。

A. 数据传输速率低、功耗低

B. 数据传输速率低、功耗低、安全

C. 数据传输速率低、功耗低、网络容量大

D. 数据传输速率低、功耗低、安全、网络容量大、时延短

5. 链路器配置服务器地址是（　　　）。

A. https://iot. intransing. net/　　　　　　B. iotcomm. intransing. net/

C. usr. coludedata. cn/　　　　　　　　　D. www. nlecloud. com/

2.2 任务2 ZigBee无线环境监测系统程序应用与调试

2.2.1 任务描述

在工业现场除了常见的现场总线应用外，因场景的特殊化，还需要应用短距离无线通信技术，操作者可以采用无线通信的形式采集工业现场环境监测数据，并将数据提供给厂区管理人员。

现要求小郑根据客户提供的任务工单安装工业现场环境监测系统，配置基于Z-Stack协议栈的ZigBee无线网络，配置与系统调试物联网网关，实现温湿度、火焰等环境数据监测，并实现自动浇水灭火功能。

任务实施之前，需要认真研读任务工单和ZigBee无线环境监测系统设计图，了解系统中所使用的设置，充分做好任务实施前的准备工作。

任务实施过程中，首先使用线槽、接线端子等部件规范工程布线；然后正确安装多模链路器模块、ZigBee温度节点、ZigBee湿度节点、ZigBee火焰节点、ZigBee继电器节点等设备，实现设备与电源的线路连接，并使用万用表检测连通性；最后，安装与调试ZigBee无线环境监测系统的相关程序，通过多模链路器连接云平台，实现物联网远程管理与监测。实践过程中要体现严谨细致的工作态度，把每一个细节都考虑周密、严谨、细致。

任务实施之后，进一步了解ZigBee、Z-Stack协议栈的基本知识和Z-Stack协议栈组网机理。

2.2.2 任务工单与准备

2.2.2.1 任务工单

任务名称	ZigBee无线环境监测系统程序应用与调试		
负责人姓名	郑××	联系方式	182××××××××
实施日期	2022年×月×日	预计工时	240min
工作场地情况	室内，空间约60m²，水电已通，已装修，能连接外网		
工作内容			
设备选型	设备	型号	产品图片
	网关	ITS-IOT-GW24WEA	

设备选型	ZigBee协调器	ZB-GW	
	ZigBee 节点	ZB-ND	
	DHT11（温湿度传感器）	DHT11	
	火焰传感器	YL-38	
	继电器	光耦隔离1路继电器	

	工序	工作内容	时间安排
进度安排	①	ZigBee无线环境监测系统安装与电气连接	20min
	②	多模链路器网页配置	10min
	③	ZigBee无线环境监测系统程序开发	180min
	④	工业云平台应用	10min
	⑤	ZigBee无线环境监测系统调试与测试	15min
	⑥	工业云平台数据采集	5min

结果评估 （自评）	完成□ 基本完成 □未完成 □未开工
情况说明	
客户评估	很满意□ 满意□ 不满意□ 很不满意□
客户签字	
公司评估	优秀□ 良好□ 合格□ 不合格□

2.2.2.2 任务准备

1. 明确任务要求

本次任务要求正确安装多模链路器网关、ZigBee协调器，ZigBee温度节点、ZigBee

81

湿度节点、ZigBee继电器节点、ZigBee火焰节点等设备；在现有工程框架的基础上编写DHT11头文件程序、DHT11温湿度读取驱动程序；在SampleApp.c程序基础上编写温湿度数据上传程序、火焰数据读取与上传程序、继电器控制程序等。最终实现基于Z-Stack协议栈无线传感网的远程数据监测与控制。具体功能体现为：工业环境监测系现实时检测温湿度数据，当发现温度过高且有明火存在时，系统能够快速做出反应，实施自动浇水灭火。

2. 检查环境、设备

（1）确认工作环境安全，排除用电安全隐患。

（2）对照系统设计图检查设备是否正确安装、连接。

（3）检测网络是否畅通，设备是否在线。

（4）检测多模链路器是否能正常配置与上云。

3. 安排好人员分工和时间进度

本任务可以安排一名设备调试员协同操作，预计用时240min。其中，预计使用20min完成ZigBee无线环境监测系统安装与电气连接，使用10min配置多模链路器，使用180min编写DHT11头文件程序、DHT11温湿度读取驱动程序、在SampleApp.c程序基础上编写温湿度数据上传程序、火焰数据读取与上传程序、继电器控制程序等，使用10min完成云平台应用，使用15min完成系统调试与测试，使用5min完成云平台数据采集。

2.2.3   任务实施

2.2.3.1   ZigBee 无线环境监测系统硬件安装

1. 安装线槽

请参照项目1的操作要求和规范，结合实训工位尺寸情况，制作线槽；挑选符合规格要求的螺钉、螺母和垫片，使用螺丝刀等工具完成物联网实训架线槽的安装。

2. ZigBee网关及ZigBee节点安装

挑选合适的螺钉（M4×16）、螺母、垫片以及长度适宜的导轨，将导轨固定在物联网实训架上，然后将ZigBee节点、链路器通过卡扣安装于导轨上，安装效果如图2-37所示。

3. 安装多模链路控制器

挑选合适的螺钉（M4×16）、螺母、垫片，在物联网实训架上使用十字螺丝刀完成多模链路控制器的安装，安装效果图如2-38所示。

2.2.3.2   ZigBee 无线环境监测系统线路连接

图2-39是本任务的系统设计图，工程实施人员需要根据设计图进行线路连接与调试。

图2-37　链路器、ZigBee节点安装效果

图2-38　多模链路控制器安装效果

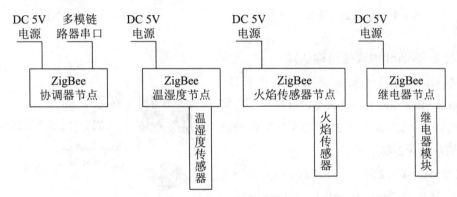

图2-39　ZigBee无线环境监测系统设计图

工业环境监测系统通信需借助短距离无线传感网络，其系统接线较为简单，分为电源和天线两个部分。多模链路器网关、ZigBee协调器与ZigBee传感器节点均采用DC5V电源供电。

2.2.3.3　Z-Stack 软件安装

Z-Stack协议栈是得州仪器（TI）公司开发的完全符合ZigBee标准的解决方案，可以实现ZigBee的各种应用。Z-Stack协议栈可以从TI公司网站下载。

1. 协议栈软件安装

打开安装文件夹，找到ZStack-CC2530-2.5.1a文件，如图2-40所示。

图2-40　ZStack软件安装文件

双击Z-Stack安装文件，打开安装对话框，界面如图2-41所示。软件的安装路径可根据实际情况选择，路径设置之后，单击Next按钮开始安装，如图2-42所示。安装完成后，单击Finish按钮结束操作，如图2-43所示。

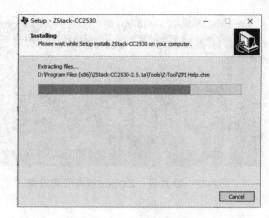

图2-41　安装路径选择　　　　　　　　　　图2-42　安装过程

2. Z-Stack协议栈结构认知

Z-Stack协议栈安装完成后，打开D:\ Program Files (x86)\ZStack-CC2530-2.5.1a文件，可以看到ZStack-CC2530-2.5.1a文件的目录结构，如图2-44所示。

ZStack-CC2530-2.5.1a版本有5个文件夹，分别是Components、Documents、Projects、Tools和Getting Started Guide CC2530.PDF。其中，Components文件夹主要实现Z-Stack协议的各个功能部件，其包含7个子文件夹，如图2-45所示。

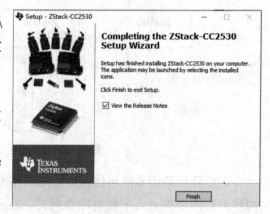

图2-43　安装完成

图2-44　Z-Stack协议栈文件目录

图2-45　Components文件夹目录

（1）hal文件夹为硬件平台的抽象层，包含硬件接口函数以及硬件驱动程序。

（2）mac文件夹包含实现IEEE 802.15.4标准协议所需代码的头文件，由于Z-Stack协议为半开源的协议栈，部分没有给出的源代码以库的形式存在。

（3）mt文件夹包含Z-Tools调试功能所需要的文件。

（4）osal文件夹包含操作系统抽象层所需要的文件。

（5）services文件夹包含Z-Stack提供的寻址服务和数据服务所需要的文件。

（6）stack文件夹是Components文件夹最核心的部分，是ZigBee协议栈的具体实现部分，其包含应用框架AF、网络层NWK、简单应用接口SAPI、安全层SEC、系统文件SYS、ZigBee簇库ZCL和ZigBee设备对象ZDO。

（7）zmac文件夹包含Z-Stack的MAC导出层文件。

另外，Documents文件夹包含对整个协议栈进行说明的文档信息，其可以作为操作者的参考手册，根据实际需要选择阅读。Projects文件夹包含用于Z-Stack功能演示的各项目示例，可供用户学习。Tools文件夹包含Z-Stack的一些配置文件，包括协调器、路由器、终端节点的配置文件。Getting Started Guide CC2530.PDF文件夹是协议栈安装或卸载的说明文档。

2.2.3.4　ZigBee无线环境监测系统项目导入

1. 导入工程模板

如图2-46所示，打开IAR IAR Embedded Workbench IDE对话框，执行File→Open Workspace命令，在桌面找到ZigBeeCode_v3.0文件夹，打开Projects/zstack/Samples/Samples/SampleAPP/CC2530DB/SampleApp工程文件。

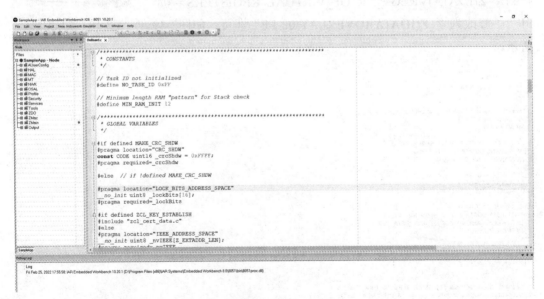

图2-46　工程界面

2. 配置工程模板

由于开发工具版本原因（此项目采用的是IAR10.20.1版本），工程项目打开后需要进行简易配置，否则项目编译将报错。打开Zmain文件夹，右击Add选项下的Add File选项，在弹出的快捷菜单中选择workaround.s51选项，将其添加至ZMain文件夹中，如图2-47和图2-48所示。

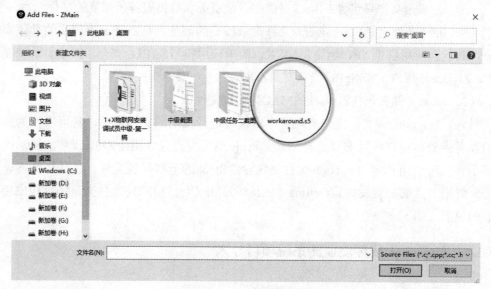

图2-47　workaround.s51文件

添加workaround.s51文件后，还需要对文件进行修改。使用记事本打开工程文件目录下Tools文件夹中的f8w2530.xcl文件，找到"_Z(IDATA)VREG+_NR_OF_VIRTUAL_REGISTERS = 08-FF"，修改为"_Z(IDATA)IOVERLAY 08-FF"即可，如图2-49所示。

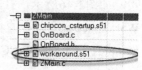

图2-48　添加完成

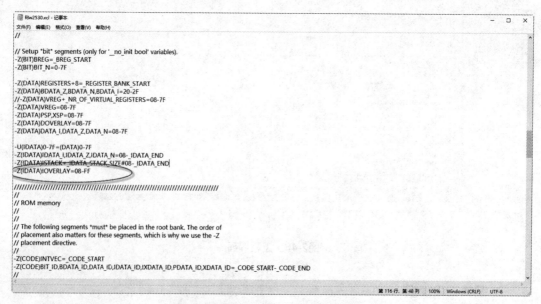

图2-49　修改f8w2530.xcl文件的界面

2.2.3.5　ZigBee 无线环境监测系统程序编写

1. DHT11温湿度程序开发

（1）创建文件。

打开工程文件后，单击菜单栏左上角的New Document按钮，新建程序编辑界面，如图2-50所示。

图2-50　新建程序编辑界面

完成后单击"保存"按钮，重命名为"DHT11.C"，如图2-51所示。

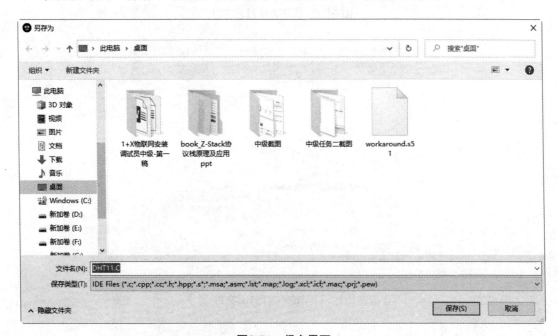

图2-51　保存界面

添加DHT11.h头文件到工程模板，如图2-52所示。依次单击工程模板文件夹中的

AUserConfig→Apply子文件夹左侧的"+"号按钮，此时会展开工程模板的文件清单。再右击Apply文件夹，在弹出的快捷菜单中选择Add→ Add Files选项，在弹出的Add Files窗口中找到刚刚保存的DHT11.h头文件，单击"打开"按钮，则添加DHT11.h头文件到工程模板中，如图2-53所示。使用同样的方法新建并添加DHT11.c文件至应用层Apply文件夹中，如图2-54所示。

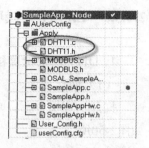

图2-52　添加文件与头文件

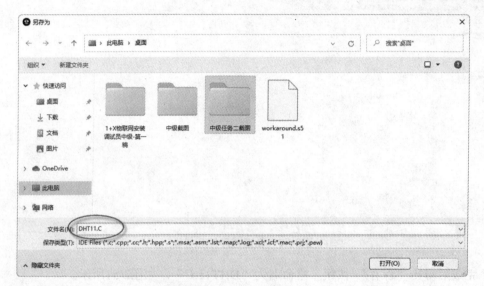

图2-53　保存DHT11.C文件

图2-54　添加DHT11.C文件

（2）编写DHT11.h头文件。

头文件是程序各部分之间保证信息一致性的桥梁，是连接程序对象定义和使用的纽带，DHT11.h头文件代码如下。

```
#ifndef __DHT11_H__
#define __DHT11_H__
#define uchar unsigned char
extern void Delay_ms(unsigned int xms);        //延时函数
extern void COM(void);                         //温湿度写入
extern void DHT11(void);                        //温湿度传感器启动
extern uint16 shidu, wendu;
#endif
```

知识链接：头文件作用

在 C 语言程序设计中，头文件可以定义所用的函数列表，方便查阅调用的函数。同时头文件还可以进行多个宏定义，如全局静态变量。头文件只是声明，不占用内存空间。

（3）编写"DHT11.C"程序。

"DHT11.C"程序代码如下。

① 引用头文件声明类型名。

```
#include <ioCC2530.h>
#include "OnBoard.h"
typedef unsigned char uchar;
typedef unsigned int uint;
```

② 定义DHT11温湿度传感器引脚I/O。

```
#define DATA_PIN P0_7        //定义温湿度数据引脚I/O
```

③ 声明各类函数。

```
void Delay_us(void);1μs延时函数
void Delay_10us(void);10μs延时函数
void Delay_ms(uint Time);//延时函数
void COM(void);                //DHT11温湿度传感器写指令函数
void DHT11(void);
```

④定义温湿度相关变量。

```
uchar ucharFLAG,uchartemp;
uint16 shidu, wendu;
uchar ucharT_data_H,ucharT_data_L,ucharRH_data_H,ucharRH_data_L,
ucharcheckdata;
uchar ucharT_data_H_temp,ucharT_data_L_temp,ucharRH_data_H_temp,ucharRH_
data_L_temp,ucharcheckdata_temp;
uchar ucharcomdata;
```

⑤1μs延时函数。

```
void Delay_us(void)              //1μs延时
{
    MicroWait(1);
}
```

⑥10μs延时函数。

```
void Delay_10us(void)            //10μs延时
{
    MicroWait(9);
}
```

⑦带形参毫秒延时函数。

```
void Delay_ms(uint Time)         //毫秒延时
{
    unsigned char i;
    while(Time--)
    {
        for(i=0;i<100;i++)
        Delay_10us();
    }
}
```

⑧温湿度写指令函数。

```
void COM(void)
{
    uchar i;
    for(i=0;i<8;i++)
    {
        ucharFLAG=2;
        while((!DATA_PIN)&&ucharFLAG++);
        Delay_10us();
        Delay_10us();
        Delay_10us();
        uchartemp=0;
        if(DATA_PIN)uchartemp=1;
        ucharFLAG=2;
        while((DATA_PIN)&&ucharFLAG++);
        if(ucharFLAG==1)break;
        ucharcomdata<<=1;
        ucharcomdata|=uchartemp;
    }
}
```

知识链接：DHT11 温湿度传感器时序

DHT11 时序主要分为 3 部分，分别是触发采集数据时序、读取数字 0 时序、读取数字 1 时序。下面对以上 3 种时序做简单介绍。

（1）触发采集数据时序。

总线空闲状态为高电平，单片机把总线拉低等待 DHT11 响应，单片机把总线拉低必须大于 18ms，保证 DHT11 能检测到起始信号。当 DHT11 接收到单片机的开始信号后，等待单片机开始信号结束，然后发送 80μs 低电平响应信号。单片机发送开始信号结束后，延时等待 20 ～ 40μs 后，切换为输入状态，等待 DHT11 的 80μs 低电平信号结束，然后判断 DHT11 是否发出 80μs 的高电平；如果是，即可开始采集数据。

（2）读取数字 0 时序。

当 DHT11 输出数字 0 时，单片机读取到的信号为 50μs 的低电平，之后为 26 ～ 28μs 的高电平。

（3）读取数字 1 时序。

当 DHT11 输出数字 0 时，单片机读取到的信号为 50μs 的低电平，之后为 70μs 的高电平。由此可知 DHT11 输出数字 0 和数字 1 的区别在于高电平的时间，单片机可在读取到高电平后，延时 30μs 后，识别此时总线的电平，高电平为数字 1，低电平为数字 0。

⑨编写温湿度读取数据函数。

```
void DHT11(void)        //温湿度传感器启动
{
    P0SEL &= 0x7f;      //配置I/O口类型
    P0DIR |= 0x80;      //重新配置I/O口方向
    DATA_PIN=0;         //初始化端口
    Delay_ms(19);       //>18ms
    DATA_PIN=1;
    P0DIR &= ~0x80;     //重新配置I/O口方向
    Delay_10us();
    Delay_10us();
    Delay_10us();
    Delay_10us();
    if(!DATA_PIN)
    {
        ucharFLAG=2;
        while((!DATA_PIN)&&ucharFLAG++);
        ucharFLAG=2;
        while((DATA_PIN)&&ucharFLAG++);
```

```
        COM();
        ucharRH_data_H_temp=ucharcomdata;
        COM();
        ucharRH_data_L_temp=ucharcomdata;
        COM();
        ucharT_data_H_temp=ucharcomdata;
        COM();
        ucharT_data_L_temp=ucharcomdata;
        COM();
        ucharcheckdata_temp=ucharcomdata;
        DATA_PIN=1; uchartemp=(ucharT_data_H_temp+ucharT_data_L_temp
           +ucharRH_data_H_temp+ucharRH_data_L_temp);
        if(uchartemp==ucharcheckdata_temp)
        {
            ucharRH_data_H=ucharRH_data_H_temp;
            ucharRH_data_L=ucharRH_data_L_temp;
            ucharT_data_H=ucharT_data_H_temp;
            ucharT_data_L=ucharT_data_L_temp;
            ucharcheckdata=ucharcheckdata_temp;
        }
        wendu =(ucharT_data_H);
        shidu =(ucharRH_data_H);
    }
    else                  //没有成功读取，返回0
    {
        wendu = 0;
        shidu = 0;
    }
    P0DIR |= 0x80;        //I/O口需要重新配置
}
```

DHT11.c驱动程序编写完成后，选择导航栏中的SampleApp.c文件，双击进入程序编辑界面，在合理的位置编写温湿度数据上传程序、火焰传感器数据上传程序、继电器控制程序。

知识链接：DHT11 温湿度传感器

　　DHT11 温湿度传感器是一款含有已校准数字信号输出的温湿度复合传感器。其应用专用的数字模块采样技术和温湿度传感技术，确保产品具有极高的可靠性与卓越的长期稳定性。传感器包括一个电阻式感湿元件和一个 NTC 测温元件，并与一个高性能 8 位单片机连接。因此，该传感器具有品质卓越、超快响应、抗干扰能力强、性价比高等优点。

2. 温湿度数据上传程序编写

温湿度程序编写完成后，要实现数据上传到云平台，还必须在主程序中针对数据上传功能编写一段程序，参考程序代码如下。

①温度上传程序。

```
void SampleApp_SendFlashMessage(void)
{
  uint16 TempData;
  DHT11();                                          //读取温湿度数据
  TempData = wendu;
  Node_Senddata(Node_Address,T_Address,TempData); //发送温度数据到网关
  //10s后发送湿度数据到网关
  osal_start_timerEx( SampleApp_TaskID, HumidityAPP_SEND_PERIODIC_MSG_
  EVT, 10000);
}
```

②湿度上传程序。

```
void HumidityApp_SendFlashMessage(void)
{
  uint16 HumData;
  HumData = shidu;
  Node_Senddata(Node_Address,H_Address,HumData); //发送湿度数据到网关
  //停止发送湿度数据到网关
  osal_stop_timerEx( SampleApp_TaskID, HumidityAPP_SEND_PERIODIC_MSG_
  EVT);
}
```

3. 编写火焰数据获取与上传程序

火焰传感器是环境监测系统中非常重要的一个器件，主要用于监测判断工业现场是否存在明火，可结合温湿度传感器对车间的环境温度进行实时监测，若发现异常则及时报警。

读者需要在主程序中编写火焰数据上传与数据读取的程序，参考程序代码如下。

①火焰数据上传程序。

```
void SampleApp_Send_P2P_Message( void )
{
  uint16 GasData;
  GasData = ReadGasData();                          //获取火焰传感器（ADC）数据
  Node_Senddata(Node_Address,F_Address,GasData); //发送火焰传感器数据
}
```

②火焰数据读取程序。

本任务中采用的火焰传感器输出信号为模拟量，需要通过程序实现ADC转换，从而便于单片机读取火焰的具体数值，参考程序代码如下。

```
uint16 ReadGasData( void )
{
  uint16 reading = 0;
  P0DIR &= ~0x40;              //设置P0.6为输入方式
  asm("NOP");asm("NOP");
  //清除ADC中断标志
  ADCIF = 0;
  ADCCON3 = (0x80 | HAL_ADC_DEC_256 | HAL_ADC_CHANNEL_6);
  while ( !ADCIF );
  asm("NOP");asm("NOP");
  //读取结果
  reading = ADCH;
  reading = reading<<8;
  reading|= ADCL;
  reading&=0x0FFF;
  reading=4095-reading;
  return reading;
}
```

4. 继电器控制程序

通过编写继电器的控制程序，使工业环境监测系统能自动检测火情，当发生火灾时能实现自动浇水灭火功能。继电器控制程序的参考程序代码如下。

```
void SampleApp_Send_Relay_Message( void )
{
  if(gateway_backdata[5]==0xff)        //如果是，打开继电器
  {
    RELAY_PIN=1;                       //将继电器引脚拉高
    relay_state=0xffff;                //传感器数据
  }
  else if(gateway_backdata[5]==0x00) //如果是，关闭继电器
  {
    RELAY_PIN=0;                       //将继电器引脚拉低
    relay_state=0x00;                  //传感器数据
  }
  //返回网关操作，完成数据包
  Node_Senddata(Node_Address,R_Address,relay_state);
}
```

以上程序编写完成后，需要对工程文件进行编译，具体方法是选择导航栏中的SampleApp-Node选项并右击，在弹出的快捷菜单中选择RebuiledAll选项。此时观察Debug Log窗口，注意工程是否编译成功，若窗口提示"Total number errors:0""Total number warning:0"信息，表示错误和警告数量为0，程序编译成功，如图2-55所示。反之表示有错误，需要进一步检查程序，排除错误。

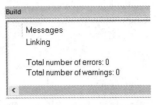

图2-55　Debug Log信息窗口

2.2.3.6　程序下载与调试

1. 程序下载

配置完成各个节点参数之后，编译工程文件，输出下载文件，具体方法见2.1节。需要注意的是，环境监测系统中的温湿度、火焰传感器、继电器模块是3个独立的节点，采用的程序与网关的程序不同，在编译工程时一定要注意区分IAR工作区中的Gateway与Node界面，如图2-56所示。Gateway是网关使用的程序，Node是各节点终端使用的程序，组网需要注意Node中各节点的ID、信道、波特率等参数的配置。3个节点需要修改3次配置信息，编译输出不同的Node.hex文件，文件位置详见工程文件导航栏Output文件夹。各节点功能不同，各节点程序也不同，因此下载时切记要与节点功能一一对应。

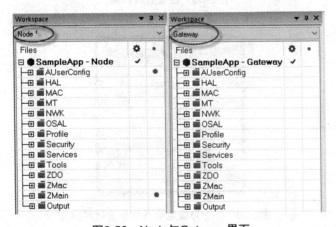

图2-56　Node与Gateway界面

2. 云平台数据监测

登录中盈创信工业云平台，打开"工业环境监测系统"项目，查看ITS-IOT-GW24WEA连接状态，若设备概况中显示设备在线，表示网络连接正常，反之需要检查线路连接与配置，如图2-57所示。开启工业环境监测系统，观察火焰、温湿度的具体数值，数值显示正常，则证明工业环境监测系统的自组网、数据通信与各传感器工作正常，如图2-58所示。工业环境监测系统可视化界面如图2-59所示。

图2-57 设备概况界面

图2-58 数值监测界面

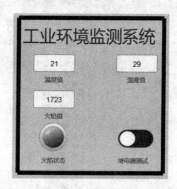

图2-59 工业环境监测系统可视化界面

2.2.4 知识提炼

2.2.4.1 ZigBee 协议栈简介

ZigBee、蓝牙、WiFi等协议联盟是一个组织，此组织会发布某种协议规范，如ZigBee联盟发布的ZigBee协议。协议最初的形式实际上是一页页的文档，这些文档描述了ZigBee网络的状态，如ZigBee硬件是什么样的硬件，应该运行在什么频段，如何组网，如何路由，如何加密等。这里需要注意的是，这一系列的规范和描述，都是以文档的形式体现的。德州仪器（TI）、意法半导体（ST）等芯片生产厂家，按照文档上的规范说明，有针对性地生产硬件芯片，如TI的CC2530芯片就符合ZigBee规范。为了这些芯片有广大的市场，TI公司给这个芯片配套了一系列的源代码，编译完成后直接可以在CC2530芯片上运行，而这些源码实现了ZigBee协议文档里面的组网、路由、加密通信等功能。将这一系列源代码放在一起，就是ZigBee协议栈，事实上协议栈就是一系列源码的集合，而这些源码实现了协议文档上所描述的协议功能。

2.2.4.2　Z-Stack 协议栈工作机理

Z-Stack协议栈是一个基于任务轮询方式的操作系统，其任务调度和资源分配由操作系统抽象层OSAL管理。可以简单理解为Z-Stack协议栈等于OSAL操作系统外加CC2530硬件模块和AF无线网络应用，总体来看，Z-Stack协议栈只做两件事情：进行系统的初始化和启动OSAL操作系统。在任务轮询过程中，系统会不断查询每个任务是否有事件发生，如果有事件发生，就执行相应的事件处理函数；如果没有事件发生，则查询下一个任务。

深入理解OSAL的调度机制和工作机理是灵活应用Z-Satck协议栈进行ZigBee无线应用开发的重要基础。深入理解OSAL操作系统的关键是要理解任务初始化函数osalInitTasks()、任务标识符taskID、任务事件数组taskEvents[]和任务事件处理函数指针数组tasksArr[]之间的对应关系，以及在OSAL运行过程中的执行情况。Z-Stack协议栈的工作原理如图2-60所示。

2.2.4.3　Z-Stack 协议栈组网

组建一个完整的ZigBee网状网络需要两个步骤，一是网络初始化，二是节点加入网络。其中，节点加入网络又包括两个步骤，一是通过与协调器连接入网，二是通过已有父节点入网。ZigBee网络节点主要包含3种，分别是终端节点、路由器节点和PAN协调器节点。协调器节点是网络各节点信息的汇聚点，是网络的核心点，负责组建、维护和管理网络，并通过串口实现各节点与上位机的数据传递。ZigBee协调器有较强的通信能力、数据处理能力和发射能力，能够把数据发送至远程控制端。路由器节点负责转发数据资料包，进行数据的路由路径寻找和路由维护，允许节点加入网络并辅助其子节点通信，路由器节点是终端节点和协调器节点的中继，为终端节点和协调器节点之间的通信进行接力。

终端节点可以直接与协调器节点相连接，也可以通过路由器节点与协调器相连接。

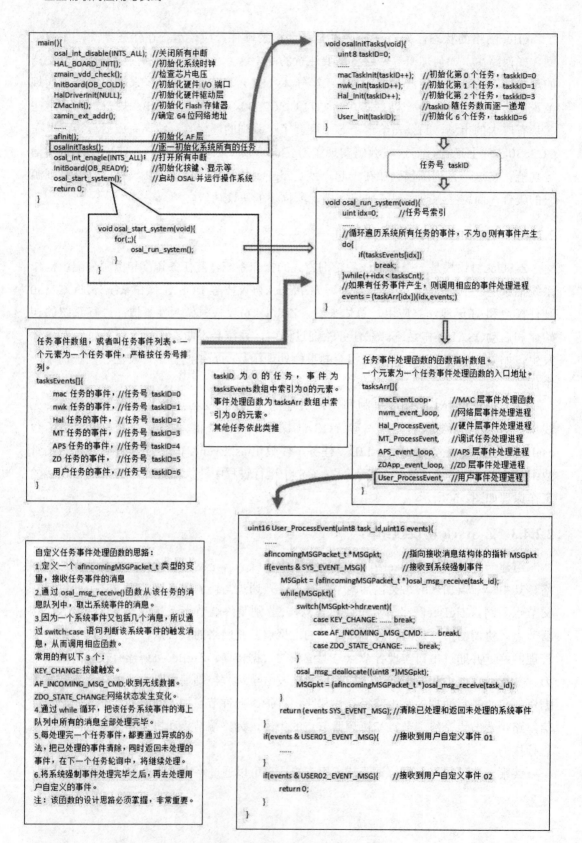

图2-60　Z-Stack协议栈的工作原理

2.2.5 任务评估

检查内容	检查结果		满意率		
线槽是否安装牢固，且线槽盖板是否盖好	是□	否□	100%□	70%□	50%□
工业环境监测系统设备安装是否牢固	是□	否□	100%□	70%□	50%□
工业环境监测系统线路连接是否正确	是□	否□	100%□	70%□	50%□
ZigBee程序下载方法是否掌握	是□	否□	100%□	70%□	50%□
Z-Stack协议栈安装是否掌握	是□	否□	100%□	70%□	50%□
协调器建立网络函数是否已掌握	是□	否□	100%□	70%□	50%□
ZigBee节点入网函数是否已掌握	是□	否□	100%□	70%□	50%□
完成任务后使用的工具是否摆放、收纳整齐	是□	否□	100%□	70%□	50%□
完成任务后工位及周边的卫生环境是否整洁	是□	否□	100%□	70%□	50%□

2.2.6 拓展练习

▶▶ **理论题**：

1. AF_DataRequest() 函数作用是（ ）。

A. 发送数据   B. 组建网络

C. 接收数据   D. 应答帧

2. DHT11温湿度传感器输出的信号是（ ）。

A. 模拟量信号   B. 数字量信号

C. 电压信号   D. 电流信号

3. 本任务中采用的芯片型号是（ ）。

A. CC2534   B. CC2531

C. CC2530   D. STC89C51

4. 将"00010011"BCD码转换成十六进制数是（ ）。

A. A   B. D

C. AF   D. EA

5. ZigBee节点的电源采用的是（ ）。

A. AC 12V   B. AC 220V

C. DC 52V   D. DC 24V

2.3 任务3 ZigBee RS-485 通信程序开发

2.3.1 任务描述

在工业控制过程中存在各种复杂的现场环境，这时的控制系统要求采用最少的信号线来完成通信任务。目前广泛应用的RS-485串行接口总线就是为适应复杂环境应运而生的。RS-485传输速率高、抗共模干扰能力强、抗噪声干扰性好。

因工业环境监测系统年久失修无法正常接收温湿度、火焰等数据，更不能完成自动浇水灭火功能，存在巨大安全隐患。现要求小郑根据客户提供的任务工单与现有的部分源代码对工业环境监测系统RS-485通信部分进行维修改造，恢复其原来数据监测、自动浇水灭火等功能。

任务实施之前，需要认真研读任务工单和SampleApp工程的部分源代码，了解任务中的需求与部分源代码的逻辑，充分做好任务实施之前的准备工作。

任务实施过程中，首先根据客户提供的工业环境监测系统的任务施工图与电气连接图，对工业环境监测系统进行充分的认知，并使用万用表检测系统连通性；最后，编写完成RS-485通信程序，完成对系统功能的恢复。实践过程中要体现严谨细致的工作态度，把每一个细节都考虑周密、严谨、细致。

任务实施之后，进一步了解RS-485通信原理的基本知识和系统故障排查的方法与技巧，进一步掌握ZigBee RS-485程序开发的步骤。

2.3.2 任务工单与准备

2.3.2.1 任务工单

任务名称	ZigBee RS-485通信程序开发		
负责人姓名	郑××	联系方式	182××××××××
实施日期	×年×月×日	预计工时	180min
工作场地情况	室内，空间约60m²，水电已通，已装修，能连接外网		
	工作内容		
设备选型	设备	型号	产品图片
	网关	ITS-IOT-GW24WEA	

设备选型	ZigBee协调器	ZB-GW	
	ZigBee节点	ZB-ND	
	DHT11 （温湿度传感器）	DHT11	
	火焰传感器	YL-38	
	继电器	光耦隔离1路继电器	
	串口转接线	网关直连串口线	

进度安排	工序	工作内容	时间安排
	①	链路器配置	20min
	②	ZigBee网关的RS-485程序编写与下载	120min
	③	硬件固定安装	20min
	④	云平台应用	5min
	⑤	系统调试与结果验证	15min

结果评估 （自评）	完成□ 基本完成□ 未完成□ 未开工□
情况说明	
客户评估	很满意□ 满意□ 不满意□ 很不满意□
客户签字	
公司评估	优秀□ 良好□ 合格□ 不合格□

2.3.2.2　任务准备

1. 明确任务要求

本次任务要求基于SampleApp项目工程，编写ZigBee网关的RS-485通信程序，借助工业环境监测系统验证RS-485通信程序是否能够正常进行数据交换，完成系统的可视化数据监测。最终恢复工业环境监测系统远程数据监控与自动浇水灭火等功能。

2. 检查环境、设备

（1）确认工作环境安全，排除用电安全隐患。

（2）对照系统设计图检查设备是否正确安装、连接。

（3）检测网络是否畅通，设备是否在线。

（4）检测链路器、ZigBee节点是否工作正常。

3. 安排好人员分工和时间进度

本任务可以由一名设备调试员进行操作完成，预计时间180min。

2.3.3　任务实施

2.3.3.1　导入工程模板

1. 打开工程模板

在本项目任务1、2的基础上，为了实现现场控制需求，需要开发ZigBee RS-485程序。找到工程模板文件SampleApp，如图2-61所示，双击SampleApp文件打开工程模板，如图2-62所示。

图2-61　SampleApp工程文件　　　　　　图2-62　工程模板

2. 创建及编写MODBUS.h头文件

创建及编写MODBUS.h头文件的操作步骤如下。

步骤1　创建MODBUS.h头文件。执行File→New File命令，创建一个新文件，执行File→Save命令，将新创建的文件保存在工程模板的Source文件夹内，文件名为MODBUS.h，如图2-63所示。

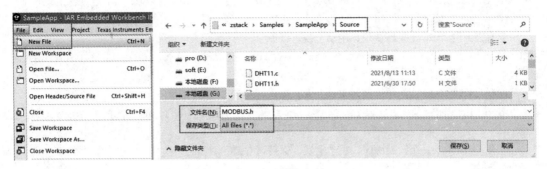

图2-63 保存文件

步骤2 添加MODBUS.h头文件到工程模板，如图2-64所示。依次单击工程模板目录的AUserConfig、Apply左侧的"+"号按钮，展开工程模板目录，右击Apply，在弹出的快捷菜单中选择Add→Add Files选项，在打开的Add Files窗口中找到刚刚保存的MODBUS.h头文件，单击"打开"按钮，将MODBUS.h头文件添加到工程模板中，如图2-65所示。

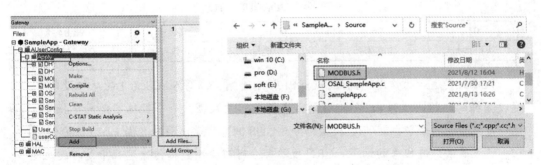

图2-64 添加文件到工程模板　　　　　　图2-65 打开文件

步骤3 编写MODBUS.h头文件。双击左侧导航栏MODBUS.h头文件，编写MODBUS头文件程序，头文件中包括MODBUS通信时、继电器状态发送等函数，参考程序代码如下。

```
#ifndef MODBUS_H
#define MODBUS_H
#define u16 uint16
#define u8 uint8
#define DMA_REC_LEN        20 //定义继电器信号引脚
uint16 App_Tab_Get_CRC16(uint8 *Pushdata,uint8 length);
u8 DisposeReceive(void);
void Modbus_Slave( void);
void Modbus_05_forward( void );
void Modbus_45_Slave( u8 DeviceID,u8 H_Addr,u8 L_Addr,u8 H_Data,u8 L_
```

```
Data);
    //Modbus扩展协议，主动上发，线圈
    void Modbus_42_Slave( u8 DeviceID,u8 H_Addr,u8 L_Addr,u8 H_Data,u8 L_
Data);
    //有人云网Modbus扩展协议，主动上发，线圈
    void  Modbus_44_Send( u8 DeviceID,u8 H_Addr,u8 L_Addr,u8 H_Data,u8 L_
Data);
    //有人云网Modbus扩展协议，主动上发，输入寄存器
    void  Modbus_46_Slave( u8 DeviceID,u8 H_Addr,u8 L_Addr,u8 H_Data,u8 L_
Data);
    //有人云网Modbus扩展协议，主动上发，保持寄存器
    #endif
```

知识链接：Modbus 通信协议

Modbus 是工业上常用的通信协议，是一种通信约定，它包括 RTU、ASCII、TCP。

例如，MODBUS-RTU 报文内容为"01 06 00 01 00 17 98 04"，则含义如表2-1所示。

表2-1　MODBUS-RTU报文

01	06	00 01	00 17	98 04
从机地址	功能码	数据地址	数据	CRC校验

该报文发送后的作用是把数据0x0017（十进制23）写入地址为1的从机设备中，存放数据的起始地址为0x001。所谓报文就是一帧数据，一个数据帧是一个报文，是一串完整的指令数据。CRC 校验部分为"98 04"，是前面的数据（01 06 00 01 00 17）通过算法计算出来的结果。CRC 校验部分可以检测数据传输过程中是否发生错误，判断所接收的数据是否正确。如主机发出"01 06 00 01 00 17 98 04"，那么从机接收后要根据"01 06 00 01 00 17"再计算 CRC 校验值，从机判断自己计算出来的 CRC 校验是否与接收的主机计算的 CRC 校验（98 04）相等。如果不相等说明数据传输有误。

Modbus 通信协议常用功能码如下。

```
01 (0x01)          读线圈
02 (0x02)          读离散量输入
03 (0x03)          读保持寄存器
04 (0x04)          读输入寄存器
05 (0x05)          写单个线圈
06 (0x06)          写单个寄存器
15 (0x0F)          写多个线圈
16 (0x10)          写多个寄存器
```

3. 创建及编写MODBUS. c文件

（1）创建 MODBUS.c文件。

参考"创建及编写MODBUS.h头文件"的过程创建MODBUS.c文件，将其添加到工程模板，如图2-66所示。

（2）编写头文件引用程序。

双击打开MODBUS.c文件，在程序编辑区域编写头文件引用程序，参考程序代码如下。

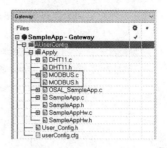

图2-66　MODBUS.c文件目录

```c
#include "OSAL.h"
#include "ZGlobals.h"
#include "AF.h"
#include "aps_groups.h"
#include "ZDApp.h"
#include "MODBUS.h"
#include "MT_UART.h"
#include "SampleApp.h"
#include <stdio.h>
#include <string.h>
#define HoldRegCount        20
#define HoldRegStartAddr    0x0000
#define HoldMaxValue        1000
```

（3）定义数据区与变量。

```c
u8 data_backup[DMA_REC_LEN];
u8 SendBuf[DMA_REC_LEN] = {0};
u8 dataLen_backup;
u16 StartRegAddr = HoldRegStartAddr;
extern uint8 SampleApp_TaskID;
extern u8 Receive_reply; //服务器返回数据标志位，0-未返回正确数据　1-返回正确数据
```

（4）编写MODBUS校验程序。

CRC-16是数据通信领域中最常用的一种差错校验码，其特征是信息字段和校验字段的长度可以任意选定，因任务中有大量的通信数据发送与接收，所以在编写CRC校验程序时一定要仔细，不能出现错误，参考程序代码如下。

```c
u16 App_Tab_Get_CRC16(u8 *addr,u8 num)
{
    int i,j,temp;
    u16 crc=0xFFFF;
    for(i=0;i<num;i++)
    {
        crc=crc^(*addr);
```

```
        for(j=0;j<8;j++)
        {
                temp=crc&0x0001;
                crc=crc>>1;
                if(temp)
                {
                        crc=crc^0xA001;
                }
        }
        addr++;
    }
    return crc;
}
```

（5）编写接收数据程序。

此部分程序主要处理ZigBee网关所接收到的从物联网网关发送来的数据，如控制自动浇水的继电器信号，参考程序代码如下。

```
u8 DisposeReceive(void)
{
    u16 CRC16 = 0, CRC16Temp = 0;
    u8 err = 0;     //错误代码
    CRC16 = App_Tab_Get_CRC16( data_backup, dataLen_backup - 2 );
    //CRC校验，低字节在前，高字节在后，高字节为报文的最后一个字节
    CRC16Temp = ( ( u16 )( data_backup[dataLen_backup - 1] << 8 ) |
    data_backup[dataLen_backup - 2] );
    if( CRC16 != CRC16Temp )
    {
        err = 4;   //CRC校验错误
        //HalUARTWrite(0, "CRC incorrect", 13);
    }
    StartRegAddr = ( u16 )( data_backup[2] << 8 ) | data_backup[3];
    if( StartRegAddr > (HoldRegStartAddr + HoldRegCount - 1) )
    {
        err = 2;           //起始地址不在规定范围内，00~07为1~8号通道
    }
    if( err == 0 )
    {
        switch( data_backup[1] )    //功能码
        {
            case 5:                 //写单个线圈
            {
                Modbus_05_forward();
                break;
            }
```

```
    case 0x42:          //读多个寄存器
    {
        Modbus_Slave();
        break;
    }
    case 0x44:          //读取位
    {
        Modbus_Slave();
        break;
    }
    case 0x45:          //读多个寄存器
    {
        Modbus_Slave();
        break;
    }
    case 0x46:          //读多个寄存器
    {
        Modbus_Slave();
        break;
    }
    default:
    {
        err = 1;        //不支持该功能码
        break;
    }
    }
}
if( err > 0 )
{
    SendBuf[0] = data_backup[0];
    SendBuf[1] = data_backup[1] | 0x80;
    SendBuf[2] = err;                               //发送错误代码
    CRC16Temp = App_Tab_Get_CRC16( SendBuf, 3 );    //计算CRC校验值
    SendBuf[3] = CRC16Temp & 0xFF;                  //CRC低位
    SendBuf[4] = ( CRC16Temp >> 8 );                //CRC高位
    err = 0;        //发送完数据后清除错误标志
}
return err;
}
```

（6）编写一致性对比程序。

此程序的功能是将网关接收到的数据与网关发送的数据进行对比，判断是否一致，参考程序代码如下。

```
void Modbus_Slave( void )
```

```
{
        if(SendBuf[0]  ==  data_backup[0]&&SendBuf[1]  ==  data_backup[1]
        &&SendBuf[3] == data_backup[3])
        //如果接收到的节点地址、功能码与发送的一致
        {
        Receive_reply=1;
        }
}
```

（7）编写继电器控制程序。

因任务需实现自动浇水灭火功能，执行器件由继电器控制，云端获得报警信号后，发送控制命令给ZigBee网关节点，控制相对应的继电器完成操作，参考程序代码如下。

```
void Modbus_05_forward( void )
{
    u16 CRC16Temp = 0;                              //CRC
    SendBuf[0] = 0xA3;                              //开始
    SendBuf[1] = data_backup[0];                    //节点号
    SendBuf[2] = 0x00;                              //传感器地址
    SendBuf[3] = data_backup[2];                    //传感器地址
    SendBuf[4] = data_backup[3];                    //传感器地址
    SendBuf[5] = data_backup[4];                    //控制OFF或ON
    SendBuf[6] = data_backup[5];
    CRC16Temp = App_Tab_Get_CRC16( SendBuf,7);      //获取CRC校验值
    SendBuf[7] = CRC16Temp & 0xFF;                  //CRC低位
    SendBuf[8] = ( CRC16Temp >> 8 );                //CRC高位
    Gateway_SendDataMessage(SendBuf,9);             //发送数据到节点
}
```

（8）编写ZigBee网关节点数据上报程序。

系统采用远程数据监测与管理，各节点获取数据后，需要通过上报程序将数据上报给工业物联网云平台，参考程序代码如下。

```
void Modbus_42_Slave( u8 DeviceID,u8 H_Addr,u8 L_Addr,u8 H_Data,u8 L_Data)
{
    u16 CRC16Temp = 0;
    memset(data_backup,0,sizeof(data_backup));
    SendBuf[0] = DeviceID;                          //设备号
    SendBuf[1] = 0x42;                              //功能码
    SendBuf[2] = H_Addr;                            //地址高位
    SendBuf[3] = L_Addr-1;                          //地址低位
    SendBuf[4] = 0x00;                              //寄存器数量高位
    SendBuf[5] = 0x01;                              //寄存器数量低位
    SendBuf[6] = 0x01;                              //字节数
    SendBuf[7] = L_Data;                            //数据
```

```
    CRC16Temp = App_Tab_Get_CRC16( SendBuf, 8 ); //获取CRC校验值
    SendBuf[8] = CRC16Temp & 0xFF;                //CRC低位
    SendBuf[9] = ( CRC16Temp >> 8 );              //CRC高位
    HalUARTWrite(0, SendBuf, 10);
osal_start_timerEx( SampleApp_TaskID, AwaitReceive_SERVER_DATA_EVT, 2000);
//启动，等待服务器返回事件，时间为2s
}
void Modbus_45_Slave( u8 DeviceID,u8 H_Addr,u8 L_Addr,u8 H_Data,u8 L_Data)
{
    u16 CRC16Temp = 0;
    memset(data_backup,0,sizeof(data_backup));
    SendBuf[0] = DeviceID;                        //设备号
    SendBuf[1] = 0x45;                            //功能码
    SendBuf[2] = H_Addr;                          //地址高位
    SendBuf[3] = L_Addr-1;                        //地址低位
    SendBuf[4] = 0x00;                            //寄存器数量高位
    SendBuf[5] = 0x01;                            //寄存器数量低位
    SendBuf[6] = 0x01;                            //字节数
    SendBuf[7] = L_Data;                          //数据
    CRC16Temp = App_Tab_Get_CRC16( SendBuf, 8 ); //获取CRC校验值
    SendBuf[8] = CRC16Temp & 0xFF;                //CRC低位
    SendBuf[9] = ( CRC16Temp >> 8 );              //CRC高位
    HalUARTWrite(0, SendBuf, 10);
osal_start_timerEx( SampleApp_TaskID, AwaitReceive_SERVER_DATA_EVT, 2000);
//启动，等待服务器返回事件，时间为2s
}
void Modbus_44_Send( u8 DeviceID,u8 H_Addr,u8 L_Addr,u8 H_Data,u8 L_Data)
{
    u16 CRC16Temp = 0;
    memset(data_backup,0,sizeof(data_backup));
    SendBuf[0] = DeviceID;                        //设备号
    SendBuf[1] = 0x44;                            //功能码
    SendBuf[2] = H_Addr;                          //地址高位
    SendBuf[3] = L_Addr-1;                        //地址低位
    SendBuf[4] = 0x00;                            //寄存器数量高位
    SendBuf[5] = 0x01;                            //寄存器数量低位
    SendBuf[6] = 0x02;                            //字节数
    SendBuf[7] = H_Data;                          //高字节数据
    SendBuf[8] = L_Data;                          //低字节数据
    CRC16Temp = App_Tab_Get_CRC16( SendBuf, 9);  //获取CRC校验值
    SendBuf[9] = CRC16Temp & 0xFF;                //CRC低位
    SendBuf[10] = ( CRC16Temp >> 8 );             //CRC高位
    HalUARTWrite(0, SendBuf, 11);
osal_start_timerEx( SampleApp_TaskID, AwaitReceive_SERVER_DATA_EVT, 2000);
//启动，等待服务器返回事件，时间为2s
```

```
void Modbus_46_Slave( u8 DeviceID,u8 H_Addr,u8 L_Addr,u8 H_Data,u8 L_Data)
{
    u16 CRC16Temp = 0;
    memset(data_backup,0,sizeof(data_backup));
    SendBuf[0] = DeviceID;                              //设备号
    SendBuf[1] = 0x46;                                  //功能码
    SendBuf[2] = H_Addr;                                //地址高位
    SendBuf[3] = L_Addr-1;                              //地址低位
    SendBuf[4] = 0x00;                                  //寄存器数量高位
    SendBuf[5] = 0x01;                                  //寄存器数量低位
    SendBuf[6] = 0x02;                                  //字节数
    SendBuf[7] = H_Data;                                //高字节数据
    SendBuf[8] = L_Data;                                //低字节数据
    CRC16Temp = App_Tab_Get_CRC16( SendBuf, 9);        //获取CRC校验值
    SendBuf[9] = CRC16Temp & 0xFF;                      //CRC低位
    SendBuf[10] = ( CRC16Temp >> 8 );                   //CRC高位
    HalUARTWrite(0, SendBuf, 11);
osal_start_timerEx( SampleApp_TaskID, AwaitReceive_SERVER_DATA_EVT, 2000);
//启动，等待服务器返回事件，时间为2s
}
```

4. 修改SampleApp. h文件

MODBUS.h程序编写完成后，需要在SampleApp.h头文件中引用MODBUS.h，具体操作为：在SampleApp.h文件中调用MODBUS.h文件，找合适位置补充头文件引用程序。参考程序代码如下。

```
#ifndef SAMPLEAPP_H
#define SAMPLEAPP_H
#include "MODBUS.h"
#ifdef __cplusplus
```

5. 修改SampleApp. c文件

MODBUS.c程序编写完成后，需要在SampleApp.c头文件中合适位置调用MODBUS相关函数，具体操作如下。

（1）编写网关通信程序。

在SampleApp_ProcessEvent函数中添加网关向云平台发送数据包后等待网关回复的函数以及按键检测功能函数，参考程序代码如下。

```
//当ZigBee网关向云平台网关发送数据包后等待网关回复,触发AwaitReceive_SERVER_DATA_EVT事件
if(events& AwaitReceive_SERVER_DATA_EVT)
    {
```

```
  if (SampleApp_NwkState == DEV_ZB_COORD)    //如果是网关且串口收数据
  {
    if(Gateway_Receive_reply==0)                      //如果第二次发送则关闭定时器
      osal_stop_timerEx( SampleApp_TaskID, AwaitReceive_SERVER_DATA_EVT);
    if(Receive_reply==0)                              //如果收到服务器回复
    {
    //再发送一次节点数据
    if(Gateway_Receive_reply==1)
    Node_Receivesdata();
    Gateway_Receive_reply=0;
    }
    Receive_reply=0;
  }
  return (events ^ AwaitReceive_SERVER_DATA_EVT);
}
//当有按键KEY_State为1，且触发按键后，触发KeyAPP_SEND_PERIODIC_MSG_EVT事件
  if(events& KeyAPP_SEND_PERIODIC_MSG_EVT)
{
  if ((SampleApp_NwkState == DEV_ROUTER)|| (SampleApp_NwkState ==
  DEV_END_DEVICE) )
  {
    SampleApp_Send_KEY_Message();   //周期发送现在按键的数据，直到按键松开
  }
  return (events ^ KeyAPP_SEND_PERIODIC_MSG_EVT);
}
```

（2）编写数据消息处理回调程序。

此程序主要实现网关数据的接收功能，接收到的数据通过判断簇ID与发送端发送的数据进行匹配，参考程序代码如下。

```
void SampleApp_MessageMSGCB( afIncomingMSGPacket_t *pkt )
{
  uint16 flashTime;
  switch ( pkt->clusterId )
  {
    case SAMPLEAPP_P2P_CLUSTERID:                   //网关收到节点数据包
      //将串口接收到的数据复制到Modbus中进行进行检验
      memcpy(node_backdata,pkt->cmd.Data,pkt->cmd.DataLength);
      node_backdatalen=pkt->cmd.DataLength;
      Gateway_Receive_reply=1;
      Node_Receivesdata();                          //网关解析节点数据包
      break;
    case SAMPLEAPP_PERIODIC_CLUSTERID:    //网关发到节点的数据
      //输出接收到的数据
      HalUARTWrite(0, pkt->cmd.Data, pkt->cmd.DataLength);
```

```
        //将串口接收到的数据复制到Modbus中进行进行检验
        memcpy(gateway_backdata,pkt->cmd.Data,pkt->cmd.DataLength);
        gateway_backdatalen=pkt->cmd.DataLength;
        Gateway_Receivesdata();              //节点解析网关数据包
        break;
    case SAMPLEAPP_FLASH_CLUSTERID:
        flashTime = BUILD_UINT16(pkt->cmd.Data[1], pkt->cmd.Data[2] );
        HalLedBlink( HAL_LED_4, 4, 50, (flashTime / 4) );
        break;
    }
}
```

（3）编写网关节点数据处理程序。

终端节点数据需要发送给网关，网关接收到终端节点数据后根据系统需要对数据进行处理，经过处理的数据做好被发送的准备。"void Node_Receivesdata"函数的作用就是用来处理节点数据。参考程序代码如下。

```
void Node_Receivesdata(void)
{
  u16 CRC16 = 0, CRC16Temp = 0;
  CRC16=App_Tab_Get_CRC16(node_backdata,7);   //计算CRC值
  CRC16Temp = ( ( u16 )( node_backdata[node_backdatalen- 1] << 8 ) |
  node_backdata[node_backdatalen - 2] );
    //如果校验通过
   if((node_backdatalen==9)&&(node_backdata[0]==0x3A)&&(CRC16==CRC16Temp))
    {
  //如果收到的是线圈数据，传感器地址为0x00000~0x09999，发送线圈数据
   if(node_backdata[2]==0x00)
Modbus_45_Slave(node_backdata[1],node_backdata[3],node_backdata[4],
node_backdata[5],node_backdata[6]);
    //如果收到的是线圈数据，传感器地址为0x10000~0x19999，发送线圈数据
   if(node_backdata[2]==0x01)
Modbus_42_Slave(node_backdata[1],node_backdata[3],node_backdata[4],
node_backdata[5],node_backdata[6]);
    //如果收到的数据地址为0x30000~0x39999，发送16位数据
   else if(node_backdata[2]==0x03)
Modbus_44_Send(node_backdata[1],node_backdata[3],node_backdata[4],
node_backdata[5],node_backdata[6]);
    //如果收到的数据地址为0x40000~0x49999，发送16位数据
   else if(node_backdata[2]==0x04)
Modbus_46_Slave(node_backdata[1],node_backdata[3],node_backdata[4],
node_backdata[5],node_backdata[6]);
    }
}
```

（4）编写网关发送数据程序。

Gateway_SendDataMessage（）函数的作用是将节点数据处理完成后，根据系统需要将数据通过网关发送至云平台，参考程序代码如下。

```
void Gateway_SendDataMessage(u8 *Send_data,u8 Send_datalen)
{
HalUARTWrite(0, Send_data, Send_datalen);                //输出发送的数据
  if ( AF_DataRequest( &SampleApp_Periodic_DstAddr, &SampleApp_epDesc,
                       SAMPLEAPP_PERIODIC_CLUSTERID,
                       Send_datalen,   //网关数据包发送的长度
                       Send_data,      //网关数据包
                       &SampleApp_TransID,
                       AF_DISCV_ROUTE,
                       AF_DEFAULT_RADIUS ) == afStatus_SUCCESS )
  {    }
  else
  {    }
}
```

（5）编写串口通信回调程序。

串口通信程序主要是为了将接收到的数据复制到MODBUS中进行校验，判断数据是否准确，参考程序代码如下。

```
static void rxCB(uint8 port,uint8 event)
{
  if ((event & (HAL_UART_RX_FULL | HAL_UART_RX_ABOUT_FULL | HAL_UART_
  RX_TIMEOUT)) &&
  #if SERIAL_APP_LOOPBACK
       (SerialApp_TxLen < SERIAL_APP_TX_MAX))
  #else
       !SerialApp_TxLen)
  #endif
  {
    SerialApp_TxLen = HalUARTRead(0, RxBuf, SERIAL_APP_TX_MAX);
    if (SerialApp_TxLen)
    {
      //将串口接收到的数据复制到Modbus中进行检验
      memcpy(data_backup,RxBuf,SerialApp_TxLen);
      dataLen_backup=SerialApp_TxLen;
      DisposeReceive();        //网关处理从云平台网关获取的Modbus数据
      SerialApp_TxLen=0;
    }
  }
}
```

2.3.3.2 编译及调试

1. 配置工程目录

打开workspace窗口，如图2-67所示，选择项目名称SampleApp，在Project菜单中选择Options选项，如图2-68所示，打开"Options for node 'SampleApp'"窗口；如图2-68所示，在"Options for node 'SampleApp'"窗口的Catagory列表中选择General Options选项，在右侧选项卡中选择Output，在Output file栏中选择Executable选项，此刻左侧Category列表中会出现选项Linker；选择Linker选项，在右侧选项卡中选择Output选项，在Output file栏中勾选Override default复选框，并设置输入文件类型为hex文件，单击OK按钮。

图2-67 workspace窗口

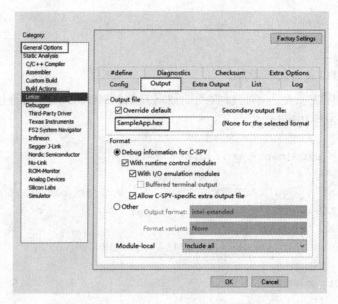

图2-68 Options for node "SampleApp" 窗口

2. 编译工程项目

右击项目名称SampleApp，在弹出的快捷菜单中选择Rebuild All选项，或者选中项目，依次执行Project→Rebuild All命令，开始编译项目，待项目编译成功后，则可以在项目工程目录中找到编译成功的hex文件，如图2-69所示。

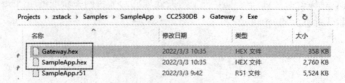

图2-69 编译成功的hex文件

2.3.3.3 程序下载与功能验证

1. 程序烧写

工业环境监测系统中使用的节点分别是ZigBee网关节点、ZigBee温湿度节点、ZigBee火焰传感器节点、ZigBee继电器节点。在编译程序时一定要注意，此工程项目包含了网关（Gateway）和节点（Node）两种程序。本次任务根据要求是对ZigBee网关程序进行修复，所以在下载程序时一定要下载正确的hex文件。具体操作步骤为：准备好ZigBee网关（型号为ZB_GW）与编译生成的hex（十六进制）文件；使用Flash Programmer软件进行程序烧写，具体步骤见2.1节。

2. 工业环境监测系统硬件平台准备

根据任务要求搭建完成工业环境监测系统，完成硬件电气连接，如图2-70所示。挑选合适的螺钉、螺母和垫片，在物联网实训架合适的位置安装ZigBee节点及ZigBee网关支架，将ZigBee节点及ZigBee网关卡在支架上；在物联网实训架合适的位置安装链路器，用网关直连串口线连接链路器与ZigBee网关，同时连接链路器、ZigBee网关、ZigBee节点电源、传感器及执行器等。

图2-70　ZigBee连接示例

3. 云平台数据监测

硬件环境搭建完成后，登录中盈创信云平台，在ITS-IOT-GW24WEA设备在线的前提下，打开工业环境监测系统项目，观察火焰、温湿度的数值，数值显示正常则证明工业环境监测系统的自组网、数据通信与各传感器工作正常。如图2-71所示，此时说明工业网环境监测系统数据监测功能已恢复，接下来进一步验证继电器远程操作是否正常。单击如图2-72所示的工业环境光监测系统中的继电器测试按钮，观察ZigBee继电器是否有动作，如有动作，则说明自动浇水灭火功能已恢复，反之则需要进一步排查故障。

ID	变量名称	从机名称	更新时间	当前值	操作
636966 从机地址 1 变量地址 1	温度	节点1	2022-01-21 13:13:10	21	历史查询 更多 ∨
636968 从机地址 1 变量地址 2	湿度	节点1	2022-01-21 13:12:35	29	历史查询 更多 ∨
636970 从机地址 1 变量地址 3	火焰	节点1	2022-01-08 14:54:15	1723	历史查询 更多 ∨
636972 从机地址 1 变量地址 4	按键	节点1	2022-01-09 13:09:42	◉	历史查询 更多 ∨
636974 从机地址 1 变量地址 5	继电器	节点1		◉	历史查询 更多 ∨

图2-71 数据监测界面

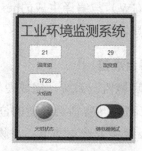

图2-72 可视化操作界面

2.3.4 知识提炼

2.3..4.1 短距离无线通信技术概述

随着时代的进一步发展，无线通信技术在社会各行业得到了广泛的应用和关注，并且具有广阔的发展前景。无线通信技术的发展经过了漫长的过程，给人们带来了多种多样的服务和功能，已成为市场主流的通信方式。与此同时，无线通信技术也正处在一个激烈的竞争环境中，大数据化的环境要求其必须获得更深层次的发展，以及更大范围的普及。目前较为普遍的短距离无线通信技术主要是蓝牙、WiFi、IrDA、ZigBee等。

1. 蓝牙技术

蓝牙技术最早是爱立信公司在1994年开始研究的一种能使手机与其附件（如耳机）之间互相通信的技术。无线模块采用FHSS扩频方式，工作频率为2.4GHz，信道带宽为1MHz，异步非对称连接最高数据速率为725.2kb/s，连接距离一般小于10m。1998年，爱立信、诺基亚、IBM等公司共同制定了蓝牙标准，主要用于通信和信息设备的无线连接，并列入了IEEE 802.15.1，规定了包括PHY、MAC、网络和应用层等集成协议栈。为了对语音和特定网络提供支持，需要协议栈提供250KB的系统开销，从而增加了系统成本和集成复杂性。另外，蓝牙技术对每个"Picont"只能配置7个节点的限制，制约了其在大型传感器网络开发中的应用。目前，新的蓝牙标准和技术也在加强速率和距离方面的研究，其5.0版拟支持高达24Mb/s的速率，使用蓝牙技术的无线电收发器的连接距离可达300m。考虑到蓝牙在睡眠状况下消耗的电流及激活延迟，一般电池的使用寿命为2~4个月。由于蓝牙的上述特性，使其可以应用于无线设备、图像处理设备、智能卡、身份识别等安全产品，以及娱乐消费、家用电器、医疗健身和建筑等领域。

2. WiFi技术

WiFi（Wireless Fidelity，无线高保真）也是一种无线通信协议，即IEEE 802.11X，最初规范是在1997年提出的，主要目的是提供WLAN接入，也是目前的主要技术标准，其工作频率也是2.4GHz。目前，WiFi技术标准还没有被工业界广泛接受。流行的几个版本包括"a"（在5.8GHz波段，带宽为54Mb/s）、"b"（在2.4GHz波段，带宽为11Mb/s）、"c"（在2.4GHz波段，带宽为22Mb/s）。这种复杂性为用户选择标准化无线平台增加了困难。规定了协议的物理（PHY）层和媒体接入控制（MAC）层，并作为网络层。由于其较大的带宽是以大的功耗为代价，因此大多数便携装置都需要常规充电。这些特点限制了其在工业场合的推广和应用。

3. IrDA（红外线数据通信）技术

IrDA是一种利用红外线进行点对点通信的技术。符合IrDA标准的无线设备传输速率已从115.2Kb/s逐步发展到4Mb/s、16Mb/s。目前，支持IrDA技术的软硬件都很成熟，在小型移动设备（iPAD、手机、笔记本电脑等）上已被广泛使用，具有移动通信所需的体积小、功耗低、连接方便、简单易用、成本低等特点。由于IrDA只能同时在两台设备之间连接，并且存在视距角等问题，因此一般不会用于工业网络。

4. ZigBee技术

ZigBee是一种新兴的短距离、低速率无线网络技术，是一种介于无线标识技术和蓝牙之间的技术方案。它同样使用2.4GHz波段，采用跳频技术和扩频技术，有自己的无线电标准，在数千个微小的传感器之间相互协调，实现通信。这些传感器只需要很少的能量，以接力的方式通过无线电波将数据从一个传感器传到另一个传感器，所以其通信效率非常高。最后，这些数据进入计算机，用于分析或是被另外一种无线技术（如WiMax）收集。ZigBee是基于IEEE 802.15.4无线标准研制开发的、有关组网、安全和应用软件方面的通信技术。IEEE 802.15.4是IEEE确定的低速无线个域网的标准，这个标准定义了物理层和介质访问层。ZigBee协议栈的网络层和应用层API由联盟进行标准化。其特点使得在工业监控、传感器网络、家庭监控、安全系统等领域有很大的发展空间。

5. 超宽带技术

超宽带（Ultra Wide Band，UWB）通信技术是一种无线载波通信技术。其不采用正弦载波，而是利用纳秒级的非正弦波窄脉冲传输数据，因此所占的频谱范围很宽。它可在非常大的带宽上传输信号，美国FCC对UWB的规定为：在3.1~10.6GHz频段中占用500MHz以上的带宽。由于UWB可以利用低功耗、低复杂度发射接收机实现高速数据传输，因此在近年来得到了迅速发展。其在非常大的频谱范围内采用低功率脉冲传送数据，不会对常规窄带无线通信系统造成大的干扰，并可充分利用频谱资源。尤其适用于室内等密集多径场所的高速无线接入，非常适于建立一个高效的无线个域网（WPAN）。UWB最具特色的应用是视频消费娱乐方面的无线个域网。与其他传统的无线通信技术相比较，其传输速率高，通信距离短，平均发射功率低，多径分辨率极高，适合于便携型应用。

几种常用无线传输方式的主要性能比较如表2-2所示。

表2-2　几种常用无线通信技术比较

种类	蓝牙	WiFi	IrDA	UWB	ZigBee
网络扩展性	无	无	无	无	自动扩展
电池寿命	数天	数小时			数年
传输速率	1kb/s	1～11kb/s	115kb/s 4Mb/s 116Mb/s	100Mb/s 500Mb/s	0.25kb/s
网络节点数	8	50	2		65000
单点覆盖的范围/m	10	20	1～2,15		50～300
安装使用难易	一般	难	简单		非常简单
使用成本	低	一般	低	低	低

2.3.4.2　ZigBee 网络的构成

利用ZigBee技术可以方便地组建廉价的低速率无线个域网。网络中的成员按照所具备功能的不同划分为三个不同的种类，即协调器节点、路由器节点和终端节点。ZigBee网络支持IEEE 802.15.4定义的两种类型的物理设备，即全功能设备（FFD）和精简功能设备（RFD）。FFD和RFD是按照节点的功能区分的，FFD可以充当网络中的协调器和路由器，因此网络中应该至少含有一个FFD。RFD只能与主设备通信，实现简单，只能作为终端设备节点。ZigBee网络包括一个协调器节点，多个路由器节点和多个终端设备。设备类型不会以任何方式限制可能应用在特定设备上的应用类型。

协调器负责开启ZigBee网络，是网络中的第一个设备。协调器选择一个信道和一个网络标识符（PANID）并开启网络。协调器也能用来设置网络中的安全性。协调器的功能主要是开启和配置网络，这些功能完成以后，协调器的功能与路由器就一样了（甚至可以断开）。由于ZigBee网络的分布式本质，网络的持续运行不依赖于协调器的存在。协调器功能如图2-73所示。

路由器功能示意如图2-74所示。路由器执行的功能有：允许其他设备加入网络，多跳路由，辅助路由器的子终端设备通信。由于路由器被期望能一直保持激活状态，所以其通常由固定电源供电，而不能使用电池供电。路由器为其子节点缓存信息，直到子节点被唤醒并请求数据。当子节点需要发送信息时，这个子节点发送数据到其父路由器，父路由器负责传输信息，执行所有相关的重发，如果需要则等待确认。这使得子节点可以回到休眠状态，从而达到省电的目的。

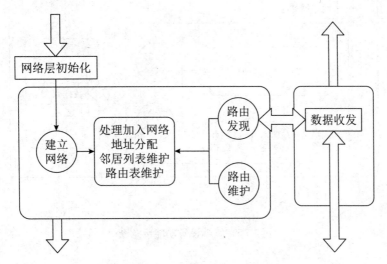

图2-73　协调器功能示意图

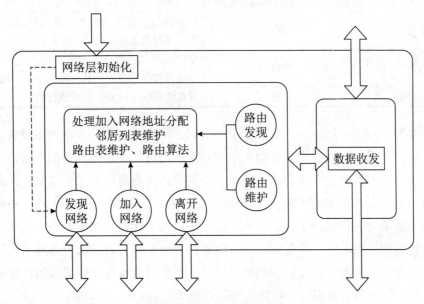

图2-74　路由器功能示意图

终端设备对维持网络结构没有特殊的责任，因此，它可以有选择地休眠和唤醒。终端设备仅仅周期性地向其父节点发送数据或接收来自父节点的数据，因此终端设备能够使用电池供电的方式工作很长时间。在能量管理方面，网络协调器与路由器需要处理一些突发的请求，包括入网、退出网络及数据中转等，一般情况下使用永久性电源。若终端设备在大部分时间里处于休眠状态，则可以采用电池供电。若对电池供电没有要求，网络中可以全部采用FFD设备。终端设备功能示意如图2-75所示。

ZigBee设备类型及其功能描述如表2-3所示。

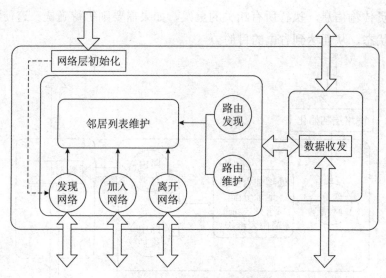

图2-75　终端设备功能示意图

表2-3　ZigBee设备类型及其功能描述

ZigBee设备类型	IEEE 802.15.1的设备类型	典型功能
协调器	FFD	除路由器的典型功能外，还包括创建和配置网络，存在绑定表
路由器	FFD	允许其他节点加入，分配网络地址，提供多条路由和数据转发，协调终端设备完成通信功能
终端设备	RFD	节点的休眠或唤醒、传感或控制

一个典型的ZigBee网络应该拥有一个协调器、多个路由器和多个终端设备。ZigBee路由器允许其他路由器或终端设备加入到网络中，通过协调器为其分配网络地址，并为其提供多条路由和数据转发等功能。协调器除具有路由器所拥有的功能以外，还负责创建整个网络，进行网络初始化配置、频段选择，协助网络完成绑定功能，并存储绑定表。终端设备不提供任何网络维护功能，仅仅可以与协调器、路由器进行信息交互，实现基本的传感或控制功能，终端设备可以随时休眠或唤醒。ZigBee节点除了在网络中扮演不同的角色外，在使用其传感和控制功能时，不受节点设备类型的限制，协调器和路由器均可实现与终端设备相同的传感或控制功能。

ZigBee协调器节点首先进行IEEE 802.15.4中的能量探测扫描和主动扫描，选择一个未探测到网络的空闲信道或探测到网络最少的信道，然后确定自己的16位网络地址、网络的PAN标识符（PAN ID）、网络的拓扑参数等，其中PAN ID是网络在此信道中的唯一标识。因此，PAN ID不应与此信道中探测到网络的PAN ID冲突。各项参数选定后，ZigBee协调器节点便可以接受其他节点加入该网络。当一未加入网络的节点要加入当前网络时，首先向网络中的节点发送关联请求，收到关联请求的节点如果有能力接受其他节点为其子节点，就为该节点分配一个网络中唯一的16位网络地址，并发出关联应答，收到关联应答后，此节点成功加入网络，并可接受其他节点的关联。节点加入网络后，将自己的PAN ID标识设为与ZigBee协调器节点相同的标识。节点是否具有接受其他节点与其关联的能力，主要取决于此节点可利用的资源，如存储空间、能量等。如果网络中的节点想要离开网络，同样可以向其父节点发送解除关联的请求，收到父节点的解除关联应答后，便可以离开网络。如果此节点有一个或多个子节点，在其离开网络之前，需要解除所有子节点与自己的关联。

2.3.5　任务评估

检查内容	检查结果	满意率		
云平台数据是否显示	是□　否□	100%□	70%□	50%□
MODBUS.h头文件是否编写完成	是□　否□	100%□	70%□	50%□
MODBUS.c程序是否编写完成	是□　否□	100%□	70%□	50%□
MODBUS文件编写是否正确	是□　否□	100%□	70%□	50%□
工业环境监测系统功能是否恢复	是□　否□	100%□	70%□	50%□
自动浇水灭火功能是否验证	是□　否□	100%□	70%□	50%□

2.3.6　拓展练习

1. 以下头文件中哪一个不是MODBUS.c通过#include（　　　）进行预处理的。

A. math.h　　　　　　　　　　　　B. OLAH.h

C. MODBUS.h　　　　　　　　　　D. string.h

2. Modbus是一种（　　　）通信协议，是Modicon公司（现在的施耐德电气公司）于1979年为使用可编程逻辑控制器（PLC）通信而发表的。

A. 串行　　　　　　　　　　　　　B. 并行

C. 双工　　　　　　　　　　　　　D. 半双工

3. 以下描述为RS-232串行通信接口的不足之处是（　　　）（多选）。

A. 接口信号电平高，容易烧坏接口电路芯片

B. 波特率低，仅20Kb/s，传输率低

C. 采用不平衡的单端通信传输方式，易产生共模干扰，抗干扰能力差

D. 传输距离短，仅15m，长距离需加调制

4. MODBUS通信参数一般包括（　　　）（多选）。

A. 波特率　　　　　　　　　　　　B. 数据位

C. 校验位　　　　　　　　　　　　D. 停止位

5. 以下通信技术属于短距离无线通信技术的是（　　　）（多选）。

A. 蓝牙　　　　　　　　　　　　　B. WiFi

C. ZigBee　　　　　　　　　　　　D. UWB

2.4 项目总结

1. 任务完成度评价表

任务	要求	权重	分值
ZigBee环境配置与组网	能够根据任务工单要求，安装配置IAR集成开发环境和工程参数，且能够新建IAR工作区和工程；能够使用正确的方法配置ZigBee信道和串口波特率	30	
ZigBee无线环境监测系统程序应用与调试	能够根据任务工单和系统设计图的要求，完成工业环境监测系统的设备安装和线路连接；能够使用正确的方法下载ZigBee程序，安装Z-Stack协议栈；能够编写协调器建立网络、ZigBee节点入网等函数代码实现环境监测功能	30	
ZigBee RS-485通信程序开发	能够根据任务工单的要求，完成MODBUS.h头文件、MODBUS.c程序的编写，并验证程序的正确性；能够检测工业环境监测系统的功能，判断是否能自动浇水灭火	30	
总结与汇报	呈现项目实施效果，做项目总结汇报	10	

2. 总结反思

项目学习情况：
心得与反思：

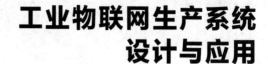

项目 3
工业物联网生产系统
设计与应用

项目概况

工业物联网是将具有感知、监控能力的各类采集、控制传感器或控制器，以及移动通信、智能分析等技术不断融入工业生产过程中的各环节，从而大幅提高制造效率，改善产品质量，降低产品成本和资源消耗，最终实现将传统工业提升到智能化的新阶段。

小宋是本项目实施人员，工作中他运用专业知识与技能，以工业物联网生产系统设计与应用的需求为指引，在特定场景中凭借规范、严谨的专业素养，完成工业物联网恒温控制系统、射频控制系统、机械滑台控制系统、热贴合生产线的安装与调试。

通过本项目的学习，读者能够根据工业生产的联网技术要求完成生产系统的设计与应用，实施工业物联网设备的安装、配置、运行和维护；在理解数制、数据类型的基础上，会使用PLC各类操作指令；了解串行通信接口，理解数据通信和S7-200 SMART MODBUS通信相关知识；认识直流步进电机和步进电机驱动器，能够使用PLC运动控制指令进行控制；能正确配置S7-200 SMART PLC模拟量模块，且能编写模数转换后的运算PLC程序。

3.1 任务1 工业物联网恒温控制系统安装与调试

3.1.1 任务描述

温度是一个基本物理量，是工业生产过程中最普通、最重要的工艺参数。物联网技术与PLC工控技术相结合，可以实现远程实时监测数据和远程故障诊断与处理。现要求工业物联网实施人员小宋根据任务工单在现场完成恒温控制系统设备的安装、配置和调试。

任务实施之前，需要认真研读任务工单和恒温控制系统设计图，了解系统中所要使用的设备，充分做好实施前的准备工作。

任务实施过程中，首先使用线槽、接线端子等部件规范工程布线；然后安装PLC模块、PLC云网关、电源模块、加热板、温度采集器、风机和灯等设备，实现设备与电源的线路连接，并使用万用表检测连通性；最后，完成恒温控制系统的PLC程序装载与调试，通过PLC云网关连接上云，从而实现物联网远程控制与管理。实践过程中要体现严谨细致的工作态度，把每一个细节都考虑得周密、严谨、细致。

任务实施之后，进一步认识数制、数据类型、PCL编程语言和各类操作指令。

3.1.2 任务工单与准备

3.1.2.1 任务工单

任务名称	工业物联网恒温控制系统安装与调试					
负责人姓名	宋××		联系方式	135×××××××		
实施日期	2022年×月×日		预计工时	150min		
工作场地情况	室内，空间约360m²，水电已通，已装修，能连接外网					
工作内容						
设备选型	设备	型号	产品图片	设备	型号	产品图片
	西门子 PLC	SIMATIC S7-200 SMART		PLC云 网关	USR-PLCNET210	

124

设备选型	路由器	TL-R406		警示灯-R	TB5052-RGY-T-J	
	温度采集器	YS7001-RS485		加热板		
	散热风机	DC-BRUSHLESS		断路器	NXBLE-32-C6	
	单相电子式电能表	DDSU666		开关电源	DR-60-24	
	继电器	YJ3N-GS-12VDC		按钮	YJ139-LA38	
	RS-485转DB9母头	/		串口头转DB9公头	/	

	工序	工作内容	时间安排
进度安排	①	恒温控制系统设备布局及安装	30min
	②	恒温控制系统线路连接并检查线路	40min
	③	设备协议配置与通信	20min
	④	PLC程序下载与调试	20min
	⑤	云平台测试	20min
	⑥	测试后的调整与优化	20min

结果评估（自评）	完成 □　基本完成 □　未完成 □　未开工 □
情况说明	
客户评估	很满意 □　满意 □　不满意 □　很不满意 □
客户签字	
公司评估	优秀 □　良好 □　合格 □　不合格 □

3.1.2.2　任务准备

1．明确任务要求

本次任务是通过物联网链路器（DTU）、PLC和PLC云网关，将物联网感知器件、控制设备、执行器件连接到指定云平台上，从而实现物联网远程控制与管理。恒温控制要求：设备上电后，绿色警示灯点亮。当按下外部按钮或云平台按钮，恒温控制系统开始工作。首先加热板工作，当环境温度达到45℃时，停止工作。当环境温度超过47℃时，风机开始工作。当环境温度低于45℃时，加热板开始工作。云平台可以实时监控环境温度与设备工作情况。

2．检查环境、设备

（1）确认工作环境安全，排除用电安全隐患。

（2）对照系统设计图检查设备是否正确安装、连接。

（3）检测网络是否畅通，设备是否在线。

（4）检测PLC通信是否正常。

3．安排好人员分工和时间进度

本任务可以安排一名设备调试员进行操作，预计用时150min。其中，预计使用30min安装恒温控制系统设备，使用40min安装恒温控制系统线路并检查，使用20min配置设备通信协议，确认网络畅通，使用20min完成PLC程序的下载与调试，使用20min完成云平台测试，使用20min完成测试后的调整。

3.1.3　任务实施

3.1.3.1　恒温控制系统的硬件安装

1．安装线槽

参照项目1的操作要求和规范，结合实训工位尺寸情况，制作线槽；挑选符合规格要求的螺钉、螺母和垫片，使用螺丝刀等工具完成物联网实训架线槽的安装。

2. 安装电源系统、PLC模块

挑选合适的螺钉（M4×16）、螺母、垫片以及长度适宜的导轨，将导轨固定在物联网实训架上，然后将断路器、电能表以及开关电源通过卡扣安装于导轨上，安装效果如图3-1所示。

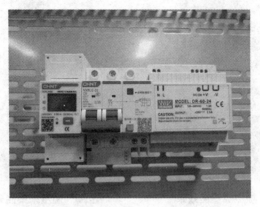

图3-1   断路器、电能表、开关电源的安装效果

选取合适的位置，再安装两根导轨，用于PLC和PLC云网关以及小型继电器的固定，安装效果如图3-2和图3-3所示。

图3-2   PLC和PLC云网关安装效果   图3-3   小型继电器安装效果

知识链接：可编程控制器

可编程控制器简称PLC，是专门为在工业环境下的应用设计的数字运算操作电子系统。采用一种可编程的存储器，在其内部存储执行逻辑运算、顺序控制、定时、计数和算术运算等操作指令，并通过数字或模拟的输入和输出接口，控制各种类型的机械设备或生产过程。

可编程控制器是在电器控制技术和计算机技术的基础上开发出来的，并逐渐发展成为以微处理器为核心，把自动化技术、计算机技术、通信技术融为一体的新型工业控制装置。PLC已被广泛应用于各种生产机械和生产过程的自动控制中，成为一种最重要、最普及、应用场合最多的工业控制装置，PLC、机器人和CAD/CAM被公认为现代工业自动化的三大支柱。

3.安装温度采集器、加热板

在物联网实训架合适的位置，使用扎带固定温度采集器的金属部分以及多余的导线，在温度采集器旁同样使用扎带固定加热板，安装效果如图3-4和图3-5所示。

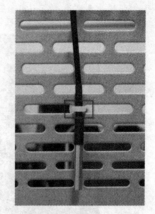

图3-4 加热板安装效果　　　　　图3-5 温度采集器安装效果

4.安装散热风机、警示灯

挑选合适的螺钉（M4×16）、螺母、垫片，在物联网实训架上使用十字螺丝刀完成散热风机和警示灯的安装，安装效果图如3-6和图3-7所示。

图3-6 散热风机安装效果　　　　　图3-7 警示灯安装效果

3.1.3.2 恒温控制系统线路连接

图3-8是本任务的系统设计图，工程实施人员需要根据设计图进行线路连接与调试。

1.电源系统线路连接

恒温控制系统线路较复杂，可以分模块依次进行连接。首先连接电源系统线路，PLC、执行机构、传感器等设备均采用24V直流电源供电，电源系统线路如图3-9所示。

（1）单项电能表。

对DDSU666型单相电能表，本次任务不涉及脉冲输出和RS-485通信，其接线方式如图3-10所示。单相电能表的1号接线柱接火（L）线，3号接线柱零（N）线，2号接线柱为火线输出，4号接线柱为零线输出。

知识链接：单相电能表

DDSU666型单相电能表，集测量、通信于一体，主要用于电气线路中电压、电流、功率、频率、功率因数、有功电能等电参量的测量与显示。它可通过 RS-485 通信接口与外部装置实现组网。

仪表采用 RS-485 通信方式，波特率可设为 1200b/s、2400b/s、4800b/s、9600b/s。在同一条通信线路上最多可以同时连接 32 个仪表，每个仪表均可设定其通信地址，通信连接应使用带有铜网的屏蔽双绞线，线径不小于 0.5mm。

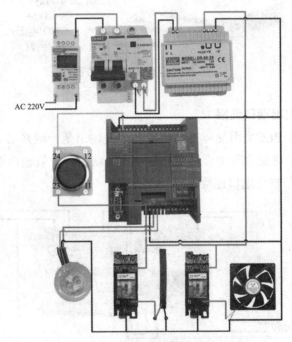

图3-8　恒温控制系统设计图

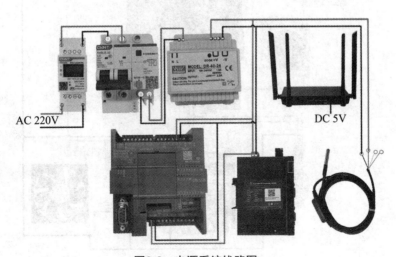

图3-9　电源系统线路图

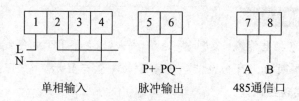

图3-10　单相电能表接线图

（2）温度采集器。

温度采集器采用四线制，其接线方式如图3-11所示。

图3-11　温度采集器接线图

2. PLC输入/输出端口连接

S7-200 SMART PLC采用晶体管输出，晶体管输出是一组共用一个公共端，可以接24V直流电源。为了避免负载电压的变化损坏PLC端口，一般输出端采用中间继电器将负载隔离。PLC输入/输出端口连接如图3-12所示。

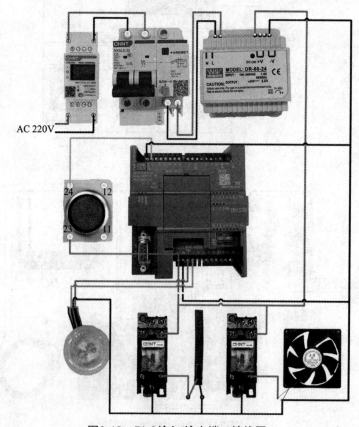

图3-12　PLC输入/输出端口接线图

（1）警示灯。

警示灯采用五线制，电源为24V直流电源，其接线方式如3-13所示。

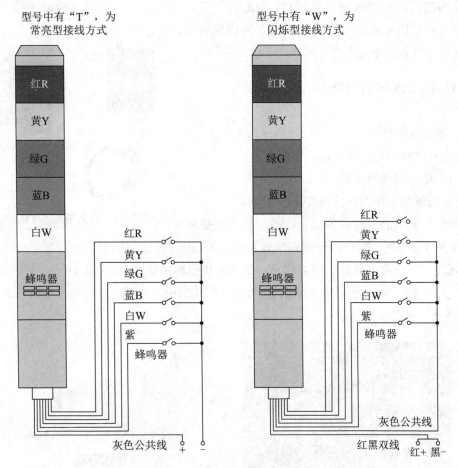

图3-13 警示灯接线图

（2）点动按钮。

点动按钮，按钮在初始状态下，使用万用表判断按钮的常开、常闭触点，如图3-14所示。

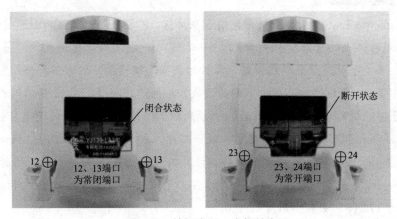

图3-14 按钮常开、常闭触点

3. 以太网通信线路连接

恒温控制系统采用以太网通信，以太网是一种基带局域网技术。通过路由器将PLC、PLC云网关、多模链路控制器以及温度采集器组成以太网通信网络。以太网通信网络的连接方式如图3-15所示。

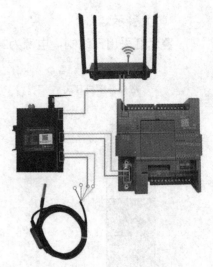

图3-15　以太网通信线路连接图

3.1.3.3　以太网通信网络配置

1. 路由器配置

连接登录路由器，完成路由器配置。

（1）连接登录路由器。

连接登录路由器的具体操作步骤如下。

步骤1　TP-LINK路由器插上电源，使用一根网线连接WAN口与外网，再使用一根网线连接路由器LAN口与PC端网口。

步骤2　查看路由器背后标签信息，确认路由器的IP地址，如图3-16所示。

步骤3　打开浏览器，输入路由器IP地址"192.168.1.1"，页面显示设置管理员密码的文本框，如图3-17所示。

图3-16　路由器信息

图3-17　管理员密码设置页面

知识链接：IP 地址

　　IP是Internet Protocol的简称，即网络互联协议。IP地址是进行TCP/IP通信的基础，每个连接到网络上的计算机必须有一个IP地址。IP地址用二进制表示，每个IP地址长32b，共4字节。虽然二进制是计算机的数据处理模式，但它不符合人们的日常使用习惯，因此IP地址被写成十进制的形式，中间使用符号"."分开不同的字节，例如，192.168.0.19。IP地址有IPv4和IPv6两种，但目前广泛使用的还是IPv4地址。IP地址必须和一个网络掩码对应使用，缺一不可。每个IP地址包括网络标识和主机标识两部分，子网掩码的主要作用是告诉计算机如何从IP地址中析取网络标识和主机标识。例如，一个IP地址为172.16.12.120，子网掩码为255.255.0.0，则该地址的网络标识为172.16，主机标识为12.120。

步骤4 在"设置密码"框中输入6～15位有效密码，再一次输入密码来确认密码，单击"确认"按钮。

（2）配置路由器。

配置路由器的具体操作步骤如下。

步骤1 登录程序后，页面如图3-18所示，仔细阅读"设置向导"中的内容，此次仅设置上网所需基本网络即可，单击"下一步"按钮。

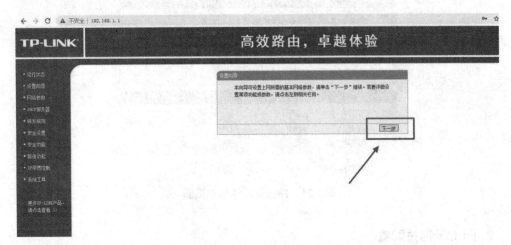

图3-18 设置向导页面

步骤2 设置上网方式，选中"让路由器自动选择上网方式（推荐）"单选按钮，单击"下一步"按钮，如图3-19所示。

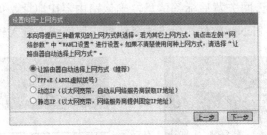

图3-19 上网方式页面

步骤3 等待检测网络环境，页面如图3-20所示。

图3-20 等待检测网络环境页面

步骤4 设置完成后，页面显示"版本信息""LAN口状态""WAN口状态"和"WAN口流量统计"信息，如图3-21所示。

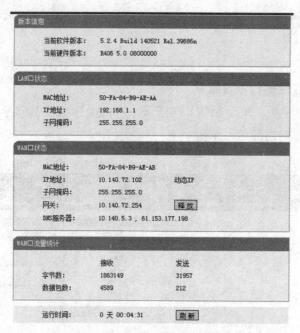

图3-21 路由器网络信息页面

2. PLC云网关配置

（1）连接登录PLC云网关。

连接登录PLC云网关的具体操作步骤如下。

步骤1 PLC云网关插上电源，使用一根网线连接PLC云网关LAN口与PC端网口。

步骤2 查看PLC云网关背后标签信息，确认路由器IP地址，如图3-22所示。

步骤3 打开USR-PlcNet软件，单击"离线模式"按钮，进入软件，如图3-23所示。

图3-22 PLC云网关信息

图3-23 软件登录页面

步骤4 进入软件后，通过单击"刷新"按钮，搜索本地设备。单击出现的设备，可查看设备信息，包含设备的SN/MAC 服务器连接状态、固件版本、透传状态、上网方式、串口参数以及网口参数等，如图3-24 所示。

步骤5 修改设备参数，单击"设备参数"按钮，出现如图3-25 所示页面。该页面中包含串口参数读写、WAN/LAN口参数读写、联网方式设置、云服务设置和系统参数设置等。

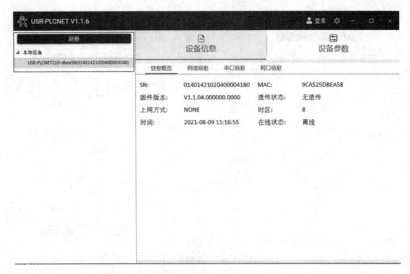

图3-24　设备信息

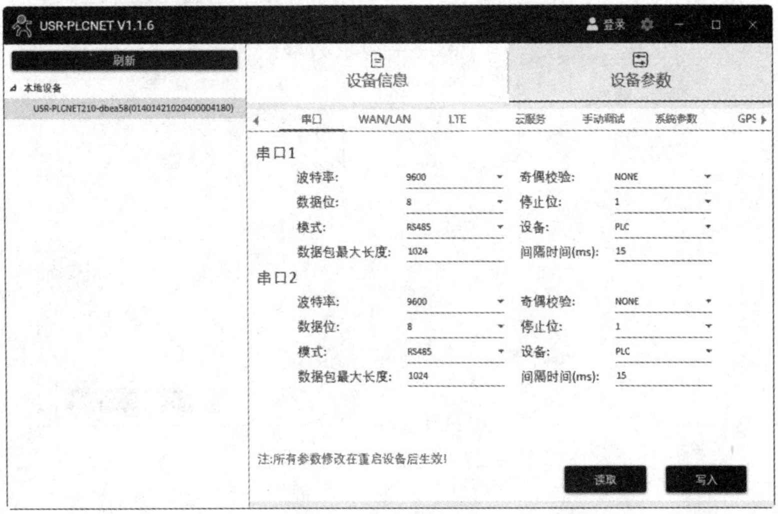

图3-25　设备参数

（2）串口参数配置。

在设备参数页面，单击"串口"按钮，修改串口1和串口2的参数。修改如下。波特率：9600，数据位：8，模式：RS-485，修改完成后单击"写入"按钮，将参数写入设备，如图3-26所示。

（3）网口参数配置。

在设备参数页面，单击WAN/LAN按钮，修改网关的参数。修改如下。模式：LAN，DHCP：启用，IP：192168.13，子网掩码：255.255.255.0，修改完成后单击"写入"按钮，将参数写入设备，如图3-27所示。

步骤6　在设备参数页面，单击"设备参数"按钮，进入页面后单击"设备重启"按钮，如图3-28所示。设备重启后，完成PLC云网关设备的配置。

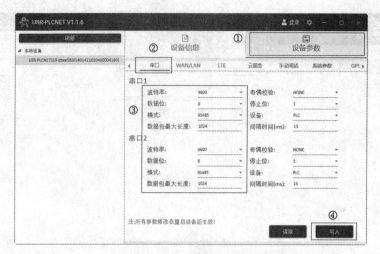

图3-26　串口参数配置页面

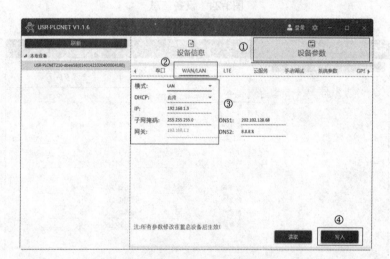

图3-27　网口参数配置页面

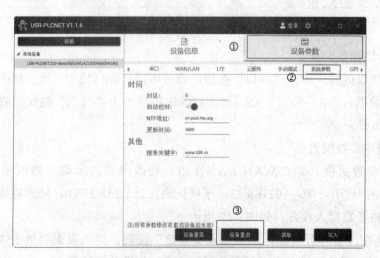

图3-28　网口参数配置页面

3.1.3.4　可编程逻辑控制器软件与程序

1. 认识STEP 7-MicroWIN SMART软件

双击STEP 7-MicroWIN SMART软件图标，打开软件，软件页面由菜单栏、项目树、程序编辑区、参考信息4部分组成，如图3-29所示。

图3-29　STEP 7-MicroWIN SMART软件页面

①菜单栏：软件的各个功能，包括向导组态。

②项目树：通信、硬件组态、符号表、状态图表、基本指令等。

③程序编辑区：在此区域进行梯形图编程。

④参考信息：编译信息、地址分配、状态显示等。

2. PLC硬件组态

在项目树中双击"CPU类型"，弹出"系统块"对话框，如图3-30所示。在窗口中显示已经组态的模块，可以单击下拉框箭头修改模块，根据硬件配置，CPU选择CPU ST20。信号板选择通信板SB以及EM0～EM3，根据需要选择扩展模块，所有模块的I/O地址统一分配，不可更改。组态完成后单击"确定"按钮，项目树中的CPU类型更改为所选类型。

3. PLC通信

S7-200 SMART PLC与计算机的通信方式可以采用以太网通信和RS-485通信，根据实际需要选择通信方式。

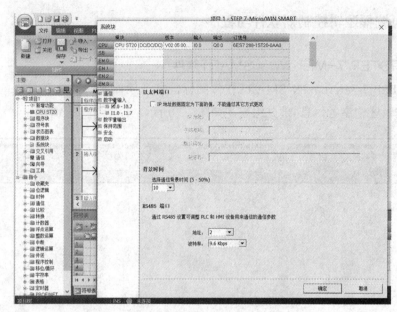

图3-30 "系统块"对话框

1）RS-485通信方式

（1）硬件连接。

步骤1 PLC模块RS-485通信接口连接RS-485通信电缆，连接效果如图3-31所示。

步骤2 RS-485通信电缆另一端连接计算机，连接效果如图3-32所示。

步骤3 PLC模块上电。

图3-31 PLC与RS-485电缆连接效果   图3-32 计算机与RS-485电缆连接效果

（2）STEP 7-MicroWIN SMART软件与PLC建立连接。

步骤1 在项目树中双击"通信"选项，弹出"通信"对话框，如图3-33所示。

步骤2 在通信接口下拉列表中选择PC/PPI cable.PPI.1选项。

步骤3 单击"查找CPU"按钮查找网络中存在的CPU。

步骤4 在"找到的CPU"列表中选择需要下载的CPU后，单击"确定"按钮，建立连接。

注意：站地址和波特率不需要设置，编程电缆会搜索所有波特率，自动选择实际需要的站地址和波特率。

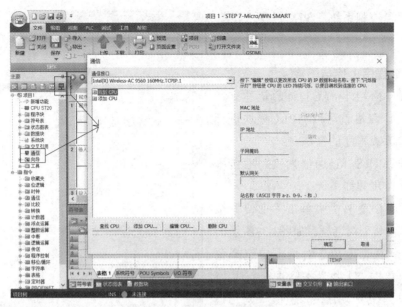

图3-33　"通信"对话框

2）以太网通信方式

（1）硬件连接。

步骤1　PLC模块以太网通信接口连接以太网通信电缆，连接效果如图3-34所示。

步骤2　以太网通信电缆另一端连接路由器，连接效果如图3-35所示。

步骤3　PLC模块上电。

图3-34　PLC与以太网电缆连接效果

图3-35　路由器与以太网电缆连接

（2）STEP 7-MicroWIN SMART软件与PLC建立连接。

步骤1　在项目树中双击"通信"选项，弹出"通信"对话框，如图3-33所示。

步骤2　在通信接口下拉列表中选择Intel(R)Wireless-AC 9560 160MHz.TCPIP.1选项。

步骤3　单击"查找CPU"按钮刷新网络中存在的CPU。

步骤4　在"找到的CPU"列表中选择需要下载的CPU后，单击"确定"按钮，建立连接。

4. PLC程序

在菜单栏中选择"文件"菜单，单击"打开"按钮，找到PLC程序文件夹，打开"工

业物联网恒温控制系统" PLC程序,如图
3-36所示。

5. PLC程序上传与下载

S7-200 SMART PLC与计算机建立通
信连接后,计算机就可以与PLC模块进行
上传程序与下载程序的操作。

(1)现以RS-485通信为例,上传程
序的具体操作步骤如下。

步骤1 在菜单栏中单击"上传"按
钮,弹出"上传"对话框,如图3-37所示。

步骤2 在"上传"对话框中选择要
上传的块,单击"上传"按钮进行上传。

步骤3 上传成功后,"上传"对话框
会显示"上传已成功完成!"信息,单击
"关闭"按钮关闭窗口,完成上传程序。

(2)下载程序的具体操作步骤如下。

步骤1 在菜单栏中单击"下载"按
钮,弹出"下载"对话框,如图3-38所示。

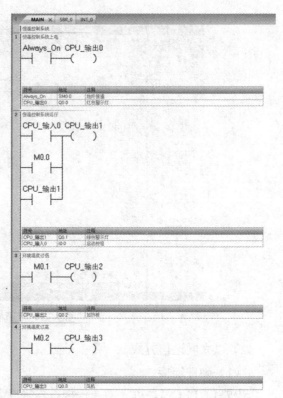

图3-36 PLC程序

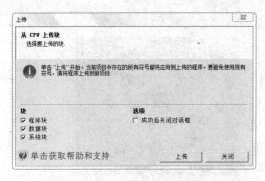

图3-37 "上传"对话框

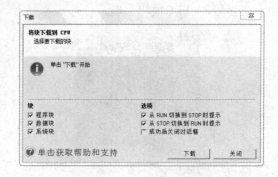

图3-38 "下载"对话框

步骤2 在"下载"对话框中选择要下载的块,单击"下载"按钮进行下载。

步骤3 下载成功后,"下载"对话框会显示"下载已成功完成!"信息,单击
"关闭"按钮关闭窗口,完成程序下载。

注意:如果CPU在运行状态,会弹出提示对话框,提示是否将CPU切换到STOP模
式,单击"是"按钮。

3.1.3.5 恒温控制系统云平台

1. 登录云平台

打开浏览器,在地址栏输入"https://iot.intransing.net/",进入云平台页面。云平台

登录页面如图3-39所示。操作用户可以向项目管理员索取分配的账号、密码，根据提示将信息分别填入相应的文本框中。在确保账号、密码正确的情况下，单击"立即登录"按钮，可以快速进入云平台的主页面。

图3-39 组态登录页面

2. 组态应用

在云平台左侧菜单栏中找到"设备管理"选项，在下拉列表中选择"设备模板"选项，如图3-40所示。

此时，右侧窗体出现"设备模板"页面，单击"恒温控制系统"模板的"组态设计"按钮，加载后，出现恒温控制系统组态页面，如图3-41所示。

3. 组态功能测试

在左侧菜单栏中单击"监控大屏"选项，弹出如图3-42所示列表。

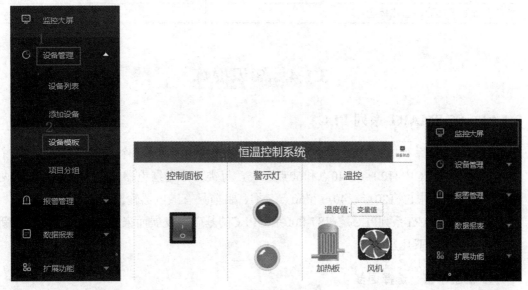

图3-40 选择"设备模板"选项　　图3-41 组态页面　　图3-42 选择"监控大屏"选项

在监控大屏页面中，默认进入的是"设备监控"页面，如图3-43所示。

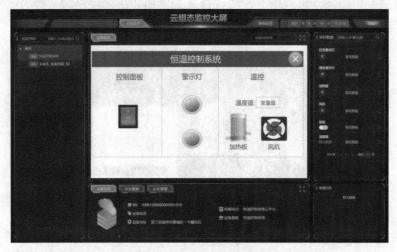

图3-43　云组态监控大屏页面

在项目分组中选择设备"恒温控制系统"选项，测试组态功能是否实现，并在表3-1中填写。

表3-1　组态功能测试

功能	是否实现（实现打√，不能实现打×）
设备状态显示图标正确	
设备上电，红色警示灯点亮，绿色警示灯熄灭	
组态中开关按下后，绿色警示灯点亮，红色警示灯熄灭	
云组态页面，实时显示温度值	
当温度值超过35℃，风机运行	
当温度值低于30℃，加热板运行	

3.1.4　知识提炼

3.1.4.1　S7-SMART 系列 PLC

S7-SMART系列PLC的CPU模块有9个型号，其中标准型有6个型号，经济型有3个型号。标准型PLC中有20点、40点和60点三类，每类又分为继电器输出和晶体管输出两种；经济型PLC中也有20点、40点和60点三类，目前只有继电器输出形式。

S7-200 SMART系列PLC是在S7-200系列PLC的基础上发展而来的，其具有的一些新的优良特性有以下几方面。

1. 机型丰富，选择更多

提供不同类型和I/O点数丰富的CPU模块，单体I/O点数最高可达60点，可满足大部分小型自动化设备的控制需求。另外，CPU模块配备标准型和经济型供用户选择，对于不同的应用需求，产品配置更加灵活，最大限度地控制成本。

2. 条件扩展，精确订制

新颖的信号板设计可扩展通信端口、数字量通道、模拟量通道。在不额外占用电控柜空间的前提下，信号板扩展能更加贴合用户的实际配置，提升产品的利用率，同时降低用户扩展的成本。

3. 高速芯片，性能卓越

配备西门子专用高速处理芯片，基本指令执行时间达到0.15μs，在同级别小型PLC中遥遥领先。一颗强有力的"芯"，能在应对烦琐的程序逻辑及复杂的工艺要求时表现得从容不迫。

4. 以太互联，经济便捷

CPU模块本体标配以太网接口，集成了强大的以太网通信功能。通过一根普通的网线即可将程序下载到PLC中，方便快捷，省去了专用编程电缆。而且以太网接口还可以与其他CPU模块、触摸屏、计算机、物联网系统、云平台进行通信，轻松组网。

5. 三轴脉冲，运动自如

CPU模块本体最多可集成3路高速脉冲输出，频率高达100kHz，支持PWM/PTO输出方式以及多种运动模式，可自由设置运动包络。配以方便易用的向导设置功能，可快速实现设备调速、定位等功能。

6. 软件友好，编程高效

在继承西门子编程软件强大功能的基础上，STEP 7-Micro/WIN SMART编程软件融入了更多的人性化设计，如新颖的带状式菜单、全移动式界面窗口、方便的程序注释功能、强大密码保护功能等。在体验强大功能的同时，还能大幅提高开发效率，缩短产品上市时间。

3.1.4.2　数制

1. 二进制

二进制数的1位（bit）只能取0和1，可以用来表示开关量的两种不同的状态，例如，触点的断开和接通、线圈的通电和断电、灯的亮和灭。在梯形图中，如果该位是1，可以表示常开触点的闭合和线圈的通电，若该位是0，则表示常开触点的断开和线圈的断电。二进制用2#表示，例如，"2#1001 1101 1001 1101"就是16位二进制常数。十进制的运算规则是逢10进1，二进制的运算规则是逢2进1。

2. 十六进制

十六进制的16个数字包括0～9和A～F（对应十进制数中的10～15），每个十六进制数可用4位二进制数表示，例如，16#A用二进制表示为2#1010。B#16#、W#16#、

DW#16#分别表示十六进制的字节、字和双字。十六进制的运算规则是逢16进1。学会二进制数和十六进制数之间的转换对于学习PLC十分重要。

3. BCD码

BCD码是用4位二进制数（或者1位十六进制数）表示1位十进制数，例如，1位十进制数9的BCD码是1001。4位二进制有16种组合，但是BCD码只能用到前十个，后六个（1010～11111）没有在BCD码中使用。十进制的数字转换成BCD码是很容易的，例如，十进制数366转换成十六进制BCD码则是W#16#0366。

十进制、二进制、十六进制和BCD码之间的转换关系如表3-2所示。

表3-2　不同数制的转换关系

十进制	十六进制	二进制	BCD码	十进制	十六进制	二进制	BCD码
0	0	0000	00000000	8	8	1000	00001000
1	1	0001	00000001	9	9	1001	00001001
2	2	0010	00000010	10	A	1010	00010000
3	3	0011	00000011	11	B	1011	0010001
4	4	0100	00000100	12	C	1100	00010010
5	5	0101	00000101	13	D	1101	00010011
6	6	0110	00000110	14	E	1110	00010100
7	7	0111	00000111	15	F	1111	00010101

3.1.4.3　数据长度和类型

S7-200 SMART PLC将信息存于不同的存储器单元，每个存储器单元都有唯一的地址。此地址可以明确指出要存取的存储器位置。表3-3列出了不同数据类型的长度和取值范围。

表3-3　不同数据类型的长度和取值范围

数据类型	数据长度	取值范围
字节（B）	8位（1个字节）	0～255
字	16位（2个字节）	0～65535
位（bit）	1位	0、1
整数（int）	16位（2个字节）	0～65535（无符号） −32768～32768（有符号）
双精度整数（dint）	32位（4个字节）	0～4294967295（无符号） −2147483648～2147483647（有符号）
双字（dword）	32位（4个字节）	0～4294967295
实数（real）	32位（4个字节）	1.175495E-38～3.402823E+38（整数） 1.175495E-38～−3.402823E+38（负数）
字符串（string）	8位（1个字节）	—

3.1.4.4　STEP 7 编程语言

STEP 7全称STEP 7-Micro/WIN SMART，是一款功能强大的编程软件，此软件用于S7-200 SMART系列PLC的编程，支持3种模式：LAD（梯形图）、FBD（功能块图）和STL（语句表）。STEP 7-Micro/WIN SMART可提供程序的在线编辑、监控和调试。

STEP 7-Micro/WIN SMART是免费软件，读者可以在供货商处索要，或者在西门子（中国）自动化与驱动集团的网站（http://www.ad.siemens.com.cn）上下载软件并安装使用。

STEP 7-Micro/WIN SMART中的3种基本编程语言是可以相互转换的。下面通过安装软件包以及兼容其他的编程语言进行简要介绍。

（1）顺序功能图（SFC）。

STEP 7中的顺序功能图语言S7-Graph，不是STEP 7的标准配置，需要安装软件包，是针对顺序控制系统进行编程的图形编程语言，特别适合编写顺序控制程序。

（2）梯形图（LAD）。

梯形图直观易懂，适合数字量逻辑控制。"能流"（power flow）与程序执行的方向一致。梯形图适合熟悉继电器电路的人员使用，其应用最为广泛，设计复杂的触点电路时最好用梯形图。

（3）语句表（STL）。

语句表功能比梯形图或功能块图强。语句表可供喜欢汇编语言编程的用户使用。语句表输入快，可以在每条语句后面加上注释。设计高级应用程序时建议使用语句表。S7-200 SMART目前暂不支持此语言。

（4）功能块图（FBD）。

"LOGO"系列微型PLC使用功能块图编程，功能块图适合熟悉数字电路的人员使用。

（5）S7-SCL编程语言。

STEP 7的S7-SCL（结构化控制语言）符合EN 61131-3标准。SCL适合复杂的公式计算、复杂的计算任务和最优化算法，或者管理大量的数据等。S7-SCL编程语言适合熟悉高级编程语言（例如PASCAL或C语言）的人员使用。S7-200 SMART暂不支持此语言编程。

3.1.4.5　STEP 7 基本操作指令

1. 基本逻辑指令

基本逻辑指令是指构成基本逻辑运算功能指令的集合，包括基本位操作、置位/复位、边沿触发、逻辑栈等。S7-200 SMART系列PLC共有27条逻辑指令，具体介绍如表3-4～表3-6所示。

表3-4　基本位操作指令

语句表（STL）	梯形图指令（LAD）	功能描述
LD（Load）	┤├　　┤├	常开触点逻辑运算开始

续表

语句表（STL）	梯形图指令（LAD）	功能描述
LDN（Load Not）	⊢ / ⊢	常闭触点逻辑运算开始
=（Out）	—( )	线圈输出指令
A（And）	⊢ ⊢ ⊢	与指令，即常开触点串联
AN（And Not）	⊢ ⊢ / ⊢	与非指令，即常闭点串联
O（Or）	I0.0 ⊢ ⊢ I0.1 ⊢ ⊢	或指令，即常开触点并联
ON（Or Not）	I0.0 ⊢ ⊢ I0.1 ⊢ / ⊢	或非指令，即常闭触点并联

表3-5 置位/复位指令

语句表（STL）	梯形图指令（LAD）	功能描述
S S-BIT,N	Q0.0 —(R) 3	从起始位（S-SBIT）开始的N个元件置1并保持
R S-BIT,N	Q0.0 —(S) 3	从起始位（S-SBIT）开始的N个元件置0并保持

表3-6 边沿发出指令

语句表（STL）	梯形图指令（LAD）	功能描述
EU	⊢ P ⊢	正跳变，无操作元件
ED	⊢ N ⊢	负跳变，无操作元件

置位、复位线圈之间间隔的程序段数量可以任意设置，置位、复位线圈通常成对使用，也可以单独使用。

2. 定时器指令

S7-200 SMART系列PLC的定时器为增量型定时器，用于实现时间控制，可以按照工作方式和时间基准分类。

（1）工作方式。

按照工作方式，定时器可分为通电延时型（TON）、有记忆的通电延时型或保持型（TONR）、断电延时型（TOF）3种。

（2）时间基准。

按照时间基准（简称时基），定时器可分为1ms、10ms和100ms 3种类型，时间基准不同，定时精度、定时范围和定时器的刷新方式也不同。定时器工作方式及类型如表3-7所示。

表3-7　定时器工作方式及类型

工作方式	时间基准/ms	最大定时时间/s	定时器型号
TONR	1	32.767	T0,T64
	10	327.67	T1-T4,T65-T68
	100	3276.7	T5-T31,T69-T95
TON/TOF	1	32.67	T32,T96
	10	327.67	T33-T36,T97-T100
	100	3276.7	T37-T63,T101-T35

3. 计数器指令

计数器指令是利用输入脉冲上升沿累计脉冲数，S7-200 SMART系列PC有加计数（CTU）、加/减计数（CTUD）和减计数（CTD）3类计数指令。

在梯形图指令符号中，CU表示增1计数脉冲输入端，CD表示减1计数脉冲输入端，R表示复位脉冲输入端，LD表示减计数器复位脉冲输入端，PV表示预置值输入端，数据类型为INT，预置值最大为32767。计数器的范围为C0～C255。下面分别叙述CTU、CTUD、CTD 3种类型计数器的使用方法。

（1）加计数器（CTU）。

当CU端输入上升沿脉冲时，计数器的当前值增1，当前值保存在C××（例如C0）中。当前值大于或等于预置值（PV）时，计数器状态置位1。复位输入（R）有效时，计数器状态复位，当前计数器值清零，当计数值达到最大（32767）时，计数器停止计数，加计数器指令和参数如表3-8所示。

（2）加/减计数器（CTUD）。

加/减计数器有两个脉冲输入端，其中CU用于加计数，CD用于减计数，执行加/减计数指令时，CU/CD端的计数脉冲上升沿进行增1/减1。当前值大于或等于计数器的预置值时，计数器状态置位。复位输入（R）有效时，计数器状态复位，当前值清零，加/减计数器指令和参数如表3-9所示。

表3-8　加计数器指令

LAD	参数	数据类型	说明	存储区
C××× - CU　CTU - R PV- PV	C××	常数	要启动的计数器号	C0～C255
	CU	BOOL	加计数输入	I、Q、M、SM、T、 C、V、S、L
	R	BOOL	复位	
	PV	INT	预置值	V、I、Q、M、SM、 LA、AI、AC、T、C 常数、×VD、×AC、 ×LD、S

表3-9　加/减计数器指令和参数

LAD	参数	数据类型	说明	存储区
C××× - CU　CTUD - CD - R PV- PV	C××	常数	要启动的计数器号	C0～C255
	CU	BOOL	加计数输入	I、Q、M、SM、T、 C、V、S、L
	CD	BOOL	减计数输入	
	R	BOOL	复位	
	PV	INT	预置值	V、I、Q、M、SM、 LA、AI、AC、T、 C常数、×VD、×AC、 ×LD、S

（3）减计数（CTD）。

复位输入（LD）有效时，计数器把预置值（PV）装入当前值寄存器，计数器状态位复位。在CD端的每个输入脉冲上升沿，减计数器的当前值从预置值开始递减计数，当前值等于0时，计数器状态位置位，并停止计数。减计数器指令和参数如表3-10所示。

表3-10　减计数器指令

LAD	参数	数据类型	说明	存储区
C××× - CU　CTD - LD PV- PV	C××	常数	要启动的计数器号	C0～C255
	CD	BOOL	加计数输入	I、Q、M、SM、T、 C、V、S、L
	LD	BOOL	减计数输入	
	PV	INT	预置值	V、I、Q、M、SM、 LA、AI、AC、T、 C常数、×VD、 ×AC、×LD、S

3.1.5　任务评估

检查内容	检查结果	满意率		
线槽是否安装牢固，且线槽盖板是否盖好	是□　否□	100%□	70%□	50%□
恒温控制系统硬件设备安装是否牢固	是□　否□	100%□	70%□	50%□
恒温控制系统线路连接是否正确	是□　否□	100%□	70%□	50%□
以太网通信网络通信实操显示正常	是□　否□	100%□	70%□	50%□
PC端与PLC通信是否正常	是□　否□	100%□	70%□	50%□
PLC程序打开是否正确	是□　否□	100%□	70%□	50%□
恒温控制系统调试是否正常	是□　否□	100%□	70%□	50%□
云平台组态页面是否显示正常	是□　否□	100%□	70%□	50%□
云平台组态功能测试是否正常	是□　否□	100%□	70%□	50%□
完成任务后使用的工具是否摆放、收纳整齐	是□　否□	100%□	70%□	50%□
完成任务后工位及周边的卫生环境是否整洁	是□　否□	100%□	70%□	50%□

3.1.6　拓展练习

▶▶ **理论题：**

1. S7-200 SMART ST20型的PLC，其输出类型是（　　）。

A. 晶体管型输出　　　　　　　　　　B. 继电器型输出

C. 晶闸管型输出　　　　　　　　　　D. 漏型输出

2. PLC云网关用于PLC联网，实现PLC的远程监控和数据透传，以下功能不属于PLC云网关的功能的是（　　）。

A. 程序上传　　　　　　　　　　　　B. 程序下载

C. 设备断电　　　　　　　　　　　　D. 远程调试

3. 以下（　　）属于基本逻辑指令。

A. LD　　　　　　　　　　　　　　　B. MUL

C. DVI　　　　　　　　　　　　　　　D. CMD

4. 将"00010011"BCD码转换成十六进制数是（　　）。

A. A　　　　　　　　　　　　　　　　B. D

C. AF　　　　　　　　　　　　　　　D. EA

5. 以下（　　）定时器指令属于100ms定时器。

A. T5　　　　　　　　　　　　　　　B. T66

C. T132　　　　　　　　　　　　　　D. T255

▶▶ **操作题：**

请编写PLC程序实现门的自动控制。

自动门控制装置结构如下。

自动门控制装置由门内光电探测开关K1、门外光电探测开关K2、开门到位限位开关K3、关门到限位开关K4、开门执行机构KM1（使直流电动机正转）、关门执行机构KM2（使直流电动机反转）等部件组成。

所要实现的功能要求如下。

（1）当有人由内到外，或者由外到内通过光电检测开关K1或K2时，开门执行机构KM1运转，促使电动机正转，当到达开门限位开关K3位置时，电机停止运行。

（2）自动门在开门位置停留8s后，自动进入关门过程，关门执行机构KM2被启动，促使电动机反转，当门移动到关门限位开关K4位置时，电动机停止运行。

（3）在关门过程中，当有人员由外到内或由内到外通过光电检测开关K2或K1时，应立即关门，并自动进入开门程序。

（4）在门打开后的8s等待时间内，若有人员由外至内或由内至外通过光电检测开关K2或K1时，必须重新开始等待8s后，再自动进入关门过程，以保证人员安全通过。

3.2 任务2 工业物联网射频控制系统安装与调试

3.2.1 任务描述

射频识别技术（RFID）是自动识别技术的一种，通过无线射频方式在阅读器与标签之间进行非接触式的数据通信，以达到识别目标和数据交换的目的。RFID被广泛用于食品安全、商品防伪、仓储物流、身份识别、门禁系统等领域，对改善人们的生活质量、提高产业经济效益有着重要作用。现要求工业物联网实施人员小宋根据任务工单要求在现场完成射频控制系统设备的安装、配置和调试。

任务实施之前，需要认真研读任务工单和射频控制系统设计图，了解系统中所要使用的设备，充分做好实施前的准备工作。

任务实施过程中，首先使用线槽、接线端子等部件规范工程布线；然后安装PLC模块、PLC云网关、电源模块、RFID模块等设备，实现射频控制系统的线路连接，并使用万用表检测连通性；最后，完成射频控制系统的PLC程序编写与调试，通过PLC云网关连接上云，实现物联网远程控制与管理。实践过程中要体现严谨细致的工作态度，把每一个细节都考虑得周密、严谨、细致。

任务实施之后，进一步学习串行通信接口，掌握数据通信和S7-200 SMART MODBUS通信相关知识。

3.2.2 任务工单与准备

3.2.2.1 任务工单

任务名称	工业物联网射频控制系统安装与调试					
负责人姓名	宋××		联系方式	135××××××××		
实施日期	2022年×月×日		预计工时	150min		
工作场地情况	室内，空间约360m²，水电已通，已装修，能连接外网					
工作内容						
设备选型	设备	型号	产品图片	设备	型号	产品图片
	西门子 PLC	SIMATIC S7-200 SMART		PLC 云网关	USR-PLCNET210	

设备选型	路由器	TL-R406		单相电子式电能表	DDSU666	
	开关电源	DR-60-24		断路器	NXBLE-32-C6	
	串口转换器	USB-TO-RS485		继电器	YJ3N-GS-12VDC	
	绿色指示灯	/		红色指示灯	/	
	工业读卡器	HR302		RFID电子标签	HT-13220	
	电子锁	/		RS-485转DB9母头	/	
	串口头转DB9公头	/				

	工序	工作内容	时间安排
进度安排	①	射频控制系统设备布局及安装	30min
	②	射频控制系统线路连接及检查	30min
	③	设备协议配置与通信	20min
	④	PLC程序编写与调试	30min
	⑤	云平台测试	20min
	⑥	测试后的调整与优化	20min
结果评估 （自评）	完成 □　基本完成 □　未完成 □　未开工 □		
情况说明			
客户评估	很满意 □　满意 □　不满意 □　很不满意 □		
客户签字			
公司评估	优秀 □　良好 □　合格 □　不合格 □		

3.2.2.2　任务准备

1. 明确任务要求

本次任务是通过物联网链路器（DTU）、PLC和PLC云网关，将控制设备、执行器件连接到指定云平台上，从而实现物联网远程控制与管理。射频控制要求：当设备上电，外部指示灯点亮。使用RFID电子标签刷卡来控制电子锁的打开与关闭；在云平台可以对RFID电子标签进行读写操作，采集的信息在云平台上显示。

2. 检查环境、设备

（1）确认工作环境安全，排除用电安全隐患。

（2）对照系统设计图检查设备是否正确安装、连接。

（3）检测网络是否畅通，设备是否在线。

（4）检测PLC通信是否正常。

3. 安排好人员分工和时间进度

本任务可以安排一名设备调试员进行操作，预计用时150min。其中，预计使用30min安装射频控制系统设备，使用30min安装安装射频控制系统线路并检查，使用20min配置设备通信协议，确认网络畅通，使用30min完成PLC程序编写与调试，使用20min完成云平台测试，使用20min完成测试后的调整。

3.2.3　任务实施

3.2.3.1　射频控制系统硬件安装

1. 安装线槽

参照项目1的操作要求和规范，结合实训工位尺寸情况，制作线槽；挑选符合规格要求的螺钉、螺母和垫片，使用螺丝刀等工具完成物联网实训架线槽的安装。

2. 安装电源系统、PLC模块

参照3.1节的操作要求和规范，挑选合适的螺钉（M4×16）、螺母、垫片以及长度适宜的导轨，将导轨固定在物联网实训架上，然后将PLC模块、断路器、电能表以及开关电源通过卡扣安装于导轨上。

3. 安装工业读卡器

在物联网实训架合适的位置进行安装，挑选合适的螺钉、螺母和垫片，在物联网实训架上对机械滑台四个脚进行固定安装，安装效果如图3-44所示。

4. 安装电子锁

挑选合适的螺钉、螺母、垫片，在电子锁4个角进行固定，安装效果如图3-45所示。

图3-44　工业读卡器安装效果　　　　　　图3-45　电子锁安装效果

5. 安装指示灯

挑选合适的螺钉（M4×16）、螺母、垫片，在物联网实训架上使用十字螺丝刀完成指示灯的安装，安装效果如图3-46所示。

图3-46　指示灯安装效果

3.2.3.2　射频控制系统线路连接

图3-47是本任务的系统设计图，工程实施人员需要根据设计图进行线路连接与调试。

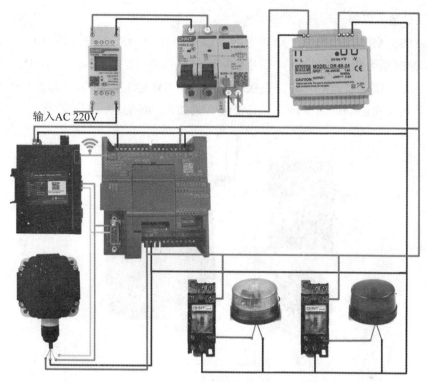

图3-47 射频控制系统设计图

1. 电源系统线路连接

射频控制系统线路较复杂，可以分模块依次进行连接。首先连接电源系统线路，PLC本体、PLC云网关、RFID读卡器等设备均采用24V直流电源供电，电源系统线路如图3-48所示。

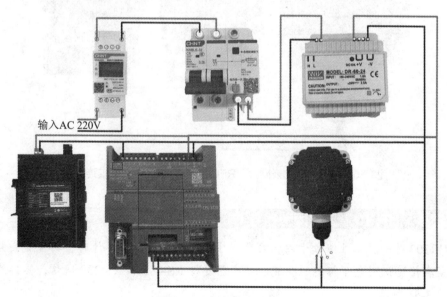

图3-48 电源系统线路图

2. PLC通信连接

S7-200 SMART PLC 提供一个以太网端口和一个 RS-485 端口（端口0），支持扩张模块SB CM01信号板（端口1），信号板可通过编程软件STEP 7-MicroWIN SMART组态为 RS-232 通信端口或RS-485通信端口。S7-200 SMART PLC与RFID工业读卡器以及PLC云网关均采用RS-485通信协议，其接线方式如图3-49所示。

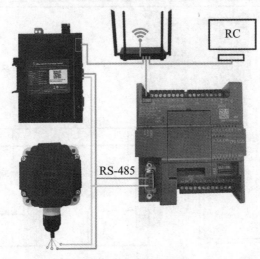

图3-49　通信接线图

PLC云网关与PLC本体以及RFID读卡器三者连接关系如图3-50所示。

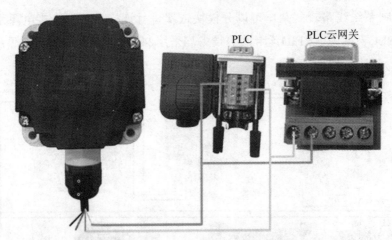

图3-50　PLC、PLC云网关、RFID读卡器的RS-485通信连接图

知识链接：HR302 工业读卡器与 PLC 云网关

HR302 是一款工业级读卡器，主要用于流水线智能计量、计时，具备超高频智能采集和快速识别电子标签的功能。读卡器支持 RS-485 和 RS-232 通信，其接线方式如图 3-51 所示。

RS-485B
RS-485A
电源正极
电源负极

图3-51 读卡器接线图

PLC 云网关主要用于帮助 PLC 联网,实现 PLC 的远程监控和数据透传,提供一个以太网接口,提供 COM1、COM2 两路串口,支持 RS-485 和 RS-232 通信,其 COM 端口引脚说明如表 3-11 所示,未标注的引脚悬空不接。

表3-11 COM端口引脚说明

DB9引脚序号	RS-232	RS-485	DB9外观图
1	屏蔽	屏蔽	
2	RXD	—	
3	TXD	信号B	
5	GND	GND	
8	—	信号A	

3. PLC输出端口连接

在射频控制系统中,指示灯与电子锁需要通过中间继电器相连后再与PLC输出端连接,这样可以起到保护PLC端口的作用。PLC输出端口连接如图3-52所示。

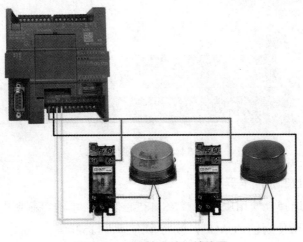

图3-52 PLC输出端口接线图

3.2.3.3 RFID 读卡器配置

HR302工业读卡器可以与PLC通信，也可以与上位机通信。使用上位机软件HRSeries_V2.7.×可以查询读卡器的初始信息，并配置相关参数。HR302工业读卡器与上位机支持RS-232串口、RS-485串口和TCP/IP网络连接。本项目具体讲解串口连接方式。

1. HR302读卡器通信连接

HR302工业读卡器与上位机采用RS-485串口连接时，可以借助串口转换器与计算机的USB口连接。计算机USB口输出为直流5V，而HR302读卡器所需电源为9～24V的直流电源，所以读卡器需要另配电源，连接方式如图3-53所示。

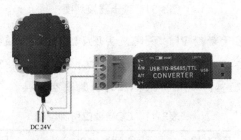

图3-53　RFID读卡器与串口转换器接线图

2. HR302读卡器通信配置

HR302工业读卡器通过串口转换器与计算机连接后，打开上位机软件HRSeries_V2.7.×，软件的基本操作界面如图3-54所示。

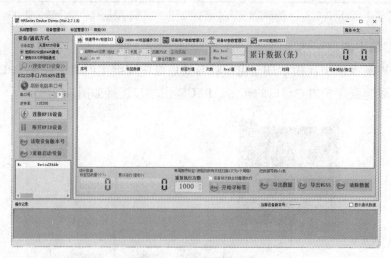

图3-54　上位机操作界面

（1）连接RFID工业读卡器。

设备通信方式选择"使用RS-232或RS-485通信"，单击"刷新电脑串口号"按钮，串口号会自动更新所使用的COM口，波特率选择"115200"，单击"连接RFID设备"按钮，上位机自动打开串口。当操作记录窗口显示"获取设备版本号→成功"文字时，说明上位机已成功连接RFID读卡器，如图3-55所示。

（2）快速寻卡/标签。

设备连接成功后，在"标签管理"菜单栏中选择"快速寻卡/标签"标签，单击"开始寻标签"按钮（单击后变为"停止寻标签"按钮），设备会以预先设定的天线参数为基准，按照预设的重复执行次数进行周期寻卡，所有启用的天线扫描一次为一周期，界面如图3-56所示。

（3）标签读写操作。

设备连接成功后，在"标签管理"菜单栏中选择"标签操作（读写标签）"标签，选择要读写的内存区域为EpcArea，开始地址为"2"，可对标签存储区的数据进行读写操作，如图3-57所示。

图3-55　上位机连接RFID读卡器

图3-56　快速寻卡

图3-57　标签读写操作

159

3.2.3.4　射频控制系统程序

按照射频控制任务要求，参考已提供的PLC程序，编写射频控制程序，编写完成后将PLC程序写入S7-200 SMART PLC中，PLC程序如图3-58所示。

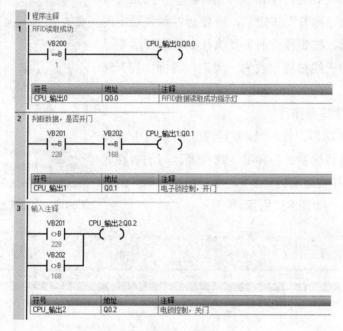

图3-58　PLC程序

3.2.3.5　射频控制系统云平台

1. 登录云平台

打开浏览器，在地址栏输入"https://iot.intransing.net/"，进入云平台页面。云平台登录页面如图3-59所示。操作用户可以向项目管理员索取分配的账号、密码，根据提示分别填入相应的文本框中。在确保账号、密码正确的情况下，单击"立即登录"按钮，可以快速进入云平台的主页面。

图3-59　组态登录页面

2. 组态应用

在云平台左侧菜单栏中选择"设备管理"选项，在下拉列表中选择"设备模板"选项，如图3-60所示。

此时，右侧窗体出现"设备模板"的页面，单击"射频控制系统"模板的"组态设计"按钮，加载后出现射频控制系统组态页面，如图3-61所示。

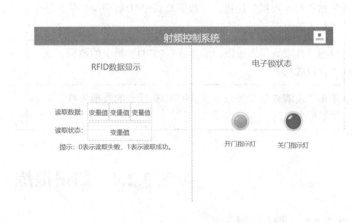

图3-60　选择"设备模板"选项　　　　　　　图3-61　组态设计页面

3. 组态功能测试

在云平台左侧菜单栏中选择"监控大屏"选项，如图3-62所示。

在监控大屏页面中，选择"射频控制系统"监控页面，如图3-63所示。

图3-62　选择"监控大屏"选项　　　　　　　图3-63　云组态监控大屏页面

在项目分组中选择"射频控制系统"设备，测试组态功能是否实现，并在表3-12中填写。

表3-12　组态功能测试

功能	是否实现（实现打√，不能实现打×）
设备状态显示图标正确	
设备运行，运行指示灯点亮	

续表

功能	是否实现（实现打√，不能实现打×）
RFID射频卡刷卡成功，电子锁打开指示灯点亮	
RFID射频卡刷卡失败，电子锁关闭指示灯点亮	
单击"写入数据"按钮，将数据成功写入RFID射频卡，显示"写入成功"	
单击"写入数据"按钮，将数据写入RFID射频卡失败，显示"写入失败"	
单击"读取数据"按钮，成功读取RFID射频卡的数据，显示"读取成功"	
单击"读取数据"按钮，读取RFID射频卡的数据失败，显示"读取失败"	

3.2.4　知识提炼

3.2.4.1　数据通信

数据通信是将通信技术与计算机技术相结合的一种通信方式，通过传输信道在数据终端与计算机之间进行通信，从而实现不同地点的数据终端软、硬件和信息资源的共享。

1. 数据通信方式

根据数据在线路上的传输方向的不同，通信方式可分为单工通信、半双工通信和全双工通信。

（1）单工通信。

单工通信是指数据只能在同一方向上传输，不能反向传输。

（2）半双工通信。

半双工通信允许数据在两个方向上传输，但同一时刻只允许一个方向传输。

（3）全双工通信。

全双工通信允许数据同一时刻在两个方向上互相传输，即通信的双方可以同时发送和接收数据。

2. 数据传输方式

数据传输方式是指数据在信道上传送所采用的方式。按照数据传输的同步方式，可以分为异步传输和同步传输；按照数据传输的顺序，可以分为并行传输和串行传输。

（1）异步传输。

在异步传输方式中，数据是一帧一帧传送的。每帧数据包含1个起始位、7～8个数据位、1个奇偶校验位和停止位。接收设备根据起始位和停止位来判断数据传输的开始和结束，从而起到通信双方的同步作用。

（2）同步传输。

同步传输方式是以数据块为传输单位，但是在每个数据块的开始位加上同步字符，在结束位加上停止位，标记一个数据块的开始和结束，同步传输接收和发送双方必须同步。

（3）并行传输。

并行传输是指数据以成组的方式，在多条并行信道上同时进行传输。并行传输的特点是传送速度快，传输物理通道多，适合短距离传输。

（4）串行传输。

串行传输是将数据按位依次传输。串行传输的特点是传输速度慢，传输物理通道少，适合远距离传输。

3.2.4.2　串行通信接口标准

串行通信接口简称串口，是采用串行通信方式的扩展接口，将数据一位一位地顺序传送。通信只需要一对传输线就可以实现双向通信，从而大大降低成本，适用于远距离通信。但由于串口通信是顺序传输，所以传送速度较慢。串行通信接口标准有3种，分别是RS-232串行接口标准、RS-422串行接口标准和RS-485串行接口标准。

1. RS-232串行接口

RS-232串行接口，是一种常用的串行通信接口，采用9针D形插座。RS-232串行接口是美国电子工业协会推荐的标准（Recommended Standard，RS），该标准规定了数据总段设备（DTE）和数据通信设备（DCE）间串行通信接口的电平、信号和机械连接标准。PLC与带有RS-232的设备进行通信时，连接方式如图3-64所示。

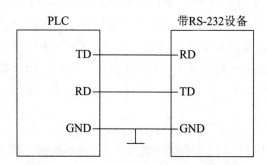

图3-64　PLC与带有RS-232设备的通信接线图

2. RS-422串行接口

RS-422串行接口采用4线接口，由于采用单独的发送和接收通道，因此不必控制数据方向。PLC与带有RS-422的设备进行通信时，连接方式如图3-65所示。

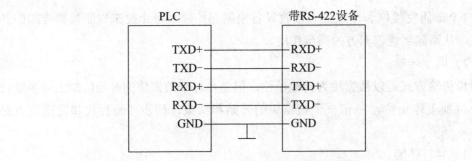

图3-65　PLC与带有RS-422设备的通信接线图

3. RS-485串行接口

RS-485是从RS-422发展而来，也采用平衡传输方式，但是RS-485不能同时发送和接收信号。RS-485通信采用半双工方式，在一条总线上最多可以接 32 个站，PLC与带有RS-485的设备进行通信时，连接方式如图3-66所示。

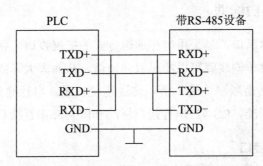

图3-66　PLC与带有RS-485设备的通信接线图

3.2.4.3　S7-200 SMART Modbus 通信

Modbus通信是一种单主站的主/从通信模式，采用请求/响应方式，主站发出带有从站地址的请求信息，具有该地址的从站接收后，发出响应信息作为应答。主站在Modbus网络没有地址，从站的地址范围为0～247，其中0为广播地址，从站的实际地址范围为1～247。Modbus地址通常由5位字符值组成，包括起始的数据类型代号，以及后面的偏移地址。第一个字符决定数据类型，后4位字符选择数据类型的正确数值。

1. Modbus主站

Modbus 主站协议库把标准的Modbus地址映射为Modbus功能号，读写从站的数据。Modbus主站指令支持以下地址。

（1）00001 ～ 09999：数字量输出（线圈）。

（2）10001 ～ 19999：数字量输入（触点）。

（3）30001 ～ 39999：输入数据寄存器（通常为模拟量输入）。

（4）40001 ～ 49999：数据保直寄存器。

2. Modbus从站

Modbus从站指令支持以下地址。

（1）00001～00256：映射到Q0.0～Q31.7的离散量输出。

（2）10001～10256：映射到I0.0～I31.7的离散量输入。

（3）30001～30056：映射到AIW0～AIW110的模拟量输入寄存器。

（4）40001～49999和400001～465535：映射到V存储器的保持寄存器。

3.2.4.4 Modbus 指令

1. Modbus主站指令

Modbus主站指令有MBUS_CTRL指令和MBUS_MSG指令，可以读写Modbus从站的数字量、模拟量以及保持寄存器。

（1）MBUS_CTRL指令。

MBUS_CTRL指令用于S7-200 SMART PLC端口0主站初始化和控制子程序，使用SM0.0调用MBUS_CTRL完成主站的初始化并启动其功能控制，其指令如图3-67 所示。

MBUS_CTRL指令各参数含义如表3-13所示。

表3-13 MBUS_CTRL指令

参数	含义	功能
EN	使能	必须保证每一扫描周期都被使能（使用SM0.0）
Mode	模式	1：使能Modbus协议功能 0：恢复为系统PPI协议
Baud	波特率	通信波特率：1200，2400，4800，9600，19200，38400，57600，115200
Parity	校验	校验位选择：0为无校验位；1为奇校验位；2为偶校验位
Port	端口号	0为CPU集成的RS-485通信口；1为可选CM01信号板
Done	完成位	初始化完成，此位会自动置1
Error	错误代码	初始化错误代码：0为无错误；1为校验选择非法；2为波特率选择非法；3为超时无效；4为模式选择非法；9为端口无效；10为信号板端口1缺失或未组态

（2）MBUS_MSG指令。

MBUS_MSG指令用于启动对Modbus从站的请求，并处理应答，其指令如图3-68所示。

MBUS_MSG指令各参数含义如表3-14所示。

表3-14 MBUS_MSG指令

参数	含义	功能
EN	使能	同一时刻只能有一个读写功能使能
First	读写请求位	每一个新的读写请求必须使用脉冲触发
Slave	从站地址	可选择的范围1～247
RW	读写请求	0：读；1：写

参数	含义	功能
Addr	读写从站的数据地址	选择读写的数据类型 00001~0××××：数字量输出 10001~1××××：数字量输入 30001~3××××：模拟量输入 40001~4××××：保持寄存器
Count	数据个数	通信的数据个数（位或字的个数）
DataPtr	数据指针	如果是读指令，读回的数据放到这个数据区中；如果是写指令，要写出的数据放到这个数据区中
Done	完成位	读写功能完成位
Error	错误代码	只有在Done位为1时，错误代码才有效。错误代码：0为无错误；1为响应校验错误；3为接收超时（从站无响应）；4为请求参数错误；5为Modbus自由口未使能；6为Modbus正在忙于其他请求；7为响应错误；8为响应CRC校验和错误

2. Modbus从站指令

Modbus从站指令有MBUS_INIT指令和MBUS_SLAVE指令。

（1）MBUS_INIT指令。

MBUS_INIT指令用于启动、初始化或禁止Modbus通信，编程时使用SM0.1调用子程序MBUS_INIT进行初始化，其指令如图3-69所示。

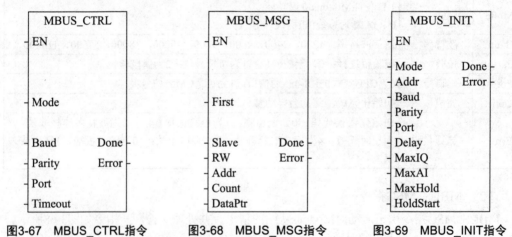

图3-67　MBUS_CTRL指令　　　图3-68　MBUS_MSG指令　　　图3-69　MBUS_INIT指令

MBUS_INIT指令各参数意义如表3-15所示。

表3-15　MBUS_INIT指令

参数	含义	功能
Mode	模式选择	1为启动 Modbus 协议；0为分配 PPI 协议并禁用 Modbus 协议
Addr	从站地址	Modbus从站地址：1~247
Baud	波特率	波特率可选择 1 200、2 400、4 800、9 600、19 200、38 400、57 600 、 115 200

续表

参数	含义	功能
Parity	奇偶校验	0为无奇偶校验；1为奇校验；2为偶校验
Port	端口	0为CPU中集成的RS-485，1为可选信号板上的RS-485或RS-232
Delay	延时	附加字符间延时，默认值为0
MaxIQ	最大I/Q位	设置 Modbus 地址 0××××和 1×××× 可用的 I 和 Q 点数，取值范围是 0～256。值为 0 时，将禁用所有对输入和输出的读写操作
MaxAI	最大AI字数	设置 Modbus 地址 3×××× 可用的字输入（AI）寄存器数，取值范围是 0～56。值为 0 时，将禁止读取模拟量输入
MaxHold	最大保持存储器区	置 Modbus地址4××××或 4××××× 可访问的V存储器中的字保直寄存器数
HoldStart	保持寄存器区起始地址	V存储器中保持寄存器的起始地址。该值通常设置为VB0，因此参数HoldStart 设置为 &VB0（地址 VB0）
Done	Modbus执行	通信时置1
Error	初始化错误代码	错误代码：0为无错误；1为存储器范围错误；3为波特率或奇偶校验非法；4为Modbus参数值非法；5为保持寄存器与Modbus从站符号重叠；6为收到奇偶校验错误；7为收到CRC错误；8为功能请求非法或功能不受支持；9为请求中的存储器地址非法；10为从站功能未启用；11为端口号无效；12为信号板端口1缺少或未组态

（2）MBUS_SLAVE指令。

MBUS_SLAVE指令用于处理来自Modbus主站的请求，并且必须在每次扫描时执行，以便检查和响应Modbus请求，其指令如图3-70所示。

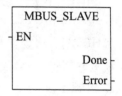

图3-70 MBUS_SLAVE指令

3.2.5 任务评估

检查内容	检查结果		满意率		
线槽是否安装牢固，且线槽盖板是否盖好	是□	否□	100%□	70%□	50%□
射频控制系统硬件设备安装是否牢固	是□	否□	100%□	70%□	50%□
射频控制系统线路连接是否正确	是□	否□	100%□	70%□	50%□
以太网通信网络通信实操是否正常	是□	否□	100%□	70%□	50%□
PC端与PLC通信是否正常	是□	否□	100%□	70%□	50%□
PLC程序编写是否正确	是□	否□	100%□	70%□	50%□
射频控制系统调试是否正常	是□	否□	100%□	70%□	50%□
云平台组态页面是否显示正常	是□	否□	100%□	70%□	50%□
云平台组态功能测试是否正常	是□	否□	100%□	70%□	50%□
完成任务后使用的工具是否摆放、收纳整齐	是□	否□	100%□	70%□	50%□
完成任务后工位及周边的卫生环境是否整洁	是□	否□	100%□	70%□	50%□

3.2.6 拓展练习

▶ **理论题：**

1. 民以下通信方式中，数据只能在同一方向上传输，不能反向传输的是（　　）。

A. 单工通信
B. 半双工通信

C. 全双工通信
D. 以太网通信

2. 在以下传输方式中，数据是一帧一帧传送的是（　　）。

A. 串行传输
B. 并行传输

C. 异步传输
D. 同步传输

3. 在Modbus指令中，用于S7-200 SMART PLC端口0主站初始化和控制子程序的指令是（　　）。

A. MBUS_MSG指令
B. MBUS_CTRL指令

C. MBUS_INIT指令
D. MBUS_SLAVE指令

4. 在Modbus指令中，用于启动对Modbus从站的请求，并处理应答的指令是（　　）。

A. MBUS_MSG指令
B. MBUS_CTRL指令

C. MBUS_INIT指令
D. MBUS_SLAVE指令

5. HR302工业级读卡器的连接线为4种颜色的导线，其中绿色的导线为（　　）。

A. RS-485A
B. RS-485B

C. 电源正极
D. 电源负极

▶ **操作题：**

请编写PLC程序实现酒店门锁的控制，功能要求如下。

（1）酒店各房间有单独的门卡，可以实现开门和房间供电。

（2）酒店各楼层，有一张门卡可以打开所有房间的门和供电，供打扫卫生的阿姨使用。

（3）可以通过云平台，对空白的IC射频卡进行数据写入以及级别设置。

3.3 任务3 工业物联网机械滑台控制系统安装与调试

3.3.1 任务描述

机械滑台一般由滑台、机械滑座、电机以及限位传感器等部分组成，在滑台上安装工件，通过自动往返运动来满足工艺加工的需要。物联网技术与PLC工控技术相结合，可以实现远程实时监测数据和远程故障诊断与处理。现要求工业物联网实施人员小宋根据任务工单在现场完成机械滑台控制系统设备的安装、配置和调试。

任务实施之前，需要认真研读任务工单和机械滑台控制系统设计图，了解系统中要使用的设备，充分做好实施前的准备工作。

任务实施过程中，首先使用线槽、接线端子等部件规范工程布线；然后安装PLC模块、PLC云网关、电源模块、电子锁、机械滑台等设备，实现机械滑台控制系统的线路连接，并使用万用表检测连通性；最后，完成机械滑台控制系统的PLC程序编写与调试，通过PLC云网关连接上云，从而实现物联网远程控制与管理。实践过程中要体现严谨细致的工作态度，把每一个细节都考虑得周密、严谨、细致。

任务实施之后，进一步学习步进电机、步进电机驱动器、PLC编程语言和运动控制指令。

3.3.2 任务工单与准备

3.3.2.1 任务工单

任务名称	工业物联网机械滑台控制系统安装与调试				
负责人姓名	宋××		联系方式	135××××××××	
实施日期	×年×月×日		预计工时	150min	
工作场地情况	室内，空间约360m²，水电已通，已装修，能连接外网				
工作内容					
设备选型	设备	型号	产品图片	设备	型号	产品图片
	西门子PLC	SIMATIC S7-200 SMART		PLC云网关	USR-PLCNET210	

设备选型	路由器	TL-R406		单相电子式电能表	DDSU666	
	开关电源	DR-60-24		断路器	NXBLE-32-C6	
	按钮	YJ139-LA38		继电器	YJ3N-GS-12VDC	
	限位传感器	SN04-P		步进电机驱动器	/	
	步进电机	17HS3401A		绿色指示灯	/	
	机械滑台	/				

	工序	工作内容	时间安排
进度安排	①	机械滑台控制系统设备布局及安装	30min
	②	机械滑台控制系统线路连接并检查	30min
	③	设备协议配置与通信	20min
	④	PLC程序编写与调试	30min
	⑤	云平台测试	20min
	⑥	测试后的调整与优化	20min

结果评估 （自评）	完成 □　基本完成 □　未完成 □　未开工 □
情况说明	
客户评估	很满意 □　满意 □　不满意 □　很不满意 □
客户签字	
公司评估	优秀 □　良好 □　合格 □　不合格 □

3.3.2.2　任务准备

1．明确任务要求

本次任务是通过PLC和PLC云网关，将控制设备、执行器件连接到指定云平台上，从而实现物联网远程控制与管理。机械滑台控制要求：当设备上电，外部指示灯点亮，通过云平台或外部按钮可以控制滑台向右或向左运行，当碰到左限位开关和右限位开关时滑台自动停止运行。

2．检查环境、设备

（1）确认工作环境安全，排除用电安全隐患。

（2）对照系统设计图检查设备是否正确安装、连接。

（3）检测网络是否畅通，设备是否在线。

（4）检测PLC通信是否正常。

3．安排好人员分工和时间进度

本任务可以安排一名设备调试员进行操作，预计用时150min。其中，预计使用30min安装机械滑台控制系统设备，使用30min安装机械滑台控制系统线路并检查，使用20min配置设备通信协议，确认网络畅通，使用30min完成PLC程序编写与调试，使用20min完成云平台测试，使用20min完成测试后的调整。

3.3.3　任务实施

3.3.3.1　机械滑台控制系统硬件安装

1．安装线槽

请参照项目1的操作要求和规范，结合实训工位尺寸情况，制作线槽；挑选符合规格要求的螺钉、螺母和垫片，使用螺丝刀等工具完成物联网实训架线槽的安装。

2．安装电源系统、PLC模块

请参照3.1节的操作要求和规范，挑选合适的螺钉（M4×16）、螺母、垫片以及长度适宜的导轨，将导轨固定在物联网实训架上，然后将PLC模块、断路器、电能表以及开关电源通过卡扣安装于导轨上。

3. 安装机械滑台

在物联网实训架合适的位置进行安装，滑台和滑座以及步进电机已经安装在一起，只需要挑选合适的螺钉、螺母和垫片，在物联网实训架上对机械滑台背面安装螺母进行固定安装，安装效果如图3-71所示。

图3-71　机械滑台安装效果

4. 安装电机驱动器

在物联网实训架合适的位置，挑选合适的螺钉、螺母和垫片，对步进电机驱动器进行固定安装，安装效果如图3-72所示。

5. 安装指示灯

挑选合适的螺钉、螺母、垫片，在物联网实训架上使用十字螺丝刀完成指示灯的安装，安装效果如图3-73所示。

图3-72　电机驱动器安装效果　　　　图3-73　指示灯安装效果

3.3.3.2　机械滑台控制系统线路连接

图3-74是本任务的系统设计图，工程实施人员需要根据设计图进行线路连接与调试。机械滑台控制系统线路较复杂，可以分模块依次进行连接。

1. 电源系统线路连接

完成电源系统线路连接，PLC模块、机械滑台、传感器等设备均采用24V直流电源供电，电源系统线路如图3-75所示。

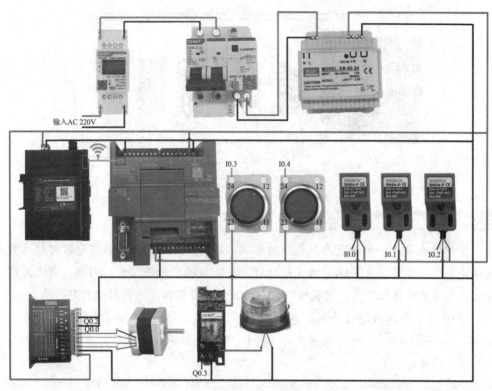

图3-74 机械滑台控制系统设计图

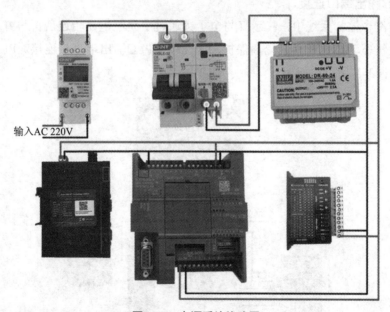

图3-75 电源系统线路图

2. PLC输入端口连接

在机械滑台控制系统中，PLC输入信号来源于按钮和接近开关传感器，外部设备动作时，PLC的输入端检测到信号，会根据信号进行相应动作。接线方式如图3-76所示。

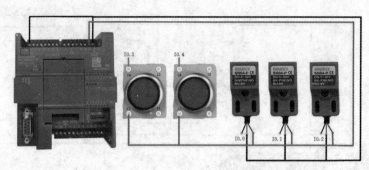

图3-76　PLC输入端口接线图

知识链接：接近传感器开关

　　接近传感器是一种具有感知物体接近能力的器件，其利用位移传感器对接近的物体具有敏感性的特点来识别物体的接近，并输出相应开关信号，因此，通常又把接近传感器称为接近开关。它能检测对象的移动和存在信息，并转化为电信号。

　　SN04-P 金属感应接近传感器为 PNP 型传感器，在 5mm 内有金属物体接近传感器，会输一个高电平信号。传感器采用三线制，分别是棕色线（+24V）、蓝色线（GND）、黑色线（信号输出）。

3. PLC输出端口连接

　　在机械滑台控制系统中，指示灯与电子锁通过中间继电器相连后再与PLC输出端连接。由于电机驱动器已有相应隔离保护，因此可与PLC输出端直接连接。PLC输出端口连接方式如图3-77所示。

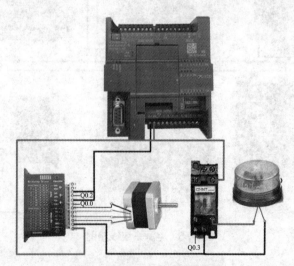

图3-77　PLC输出端口接线图

　　数字式两相混合式步进电机驱动器，适配电流在2A以下的步进电机。电源为DC 9～24V，其接口定义如表3-16所示。

表3-16 步进电机接口定义情况

序号	名称	功能	定义
1	PUL+ PUL-	脉冲输入信号	默认脉冲上升沿为有效边沿，为了可靠响应脉冲信号，脉冲宽度应大于1.2 μs
2	DIR+ DIR-	方向输入信号	高低电平信号，为保证电机可靠换向，方向信号应先于脉冲信号至少5 μs建立
3	ENA+ ENA-	使能控制信号	使能控制信号用于使能或禁止驱动器输出，ENA接低电平时，驱动器不响应步进脉冲
4	V$_{cc}$	直流电源正极	驱动器电源：DC 9～24V
5	GND	直流电源负极	
6	A+、A-	电机A相绕组	电机接口
7	B+、B-	电机B相绕组	

步进电机采用双相四线制，以四种颜色区分引脚，其接线方式如表3-17所示。

表3-17 步进电机引脚情况

序号	名称	导线颜色
1	A+	红色
2	A-	蓝色
3	B+	绿色
4	B-	黑色

3.3.3.3 机械滑台控制系统程序编写

1. 步进电机驱动器配置

步进电机驱动器采用六位DIP开关设定运行电流和细分精度，S1～S3用于细分选择，S4～S6用于运行电流的控制。步进电机驱动器外壳标注了DIP开关的ON/OFF对应的数字，细分选择4，电流选择2A。

2. S7-200 SMART运动控制向导配置

S7-200 SMART运动控制指令由编程软件向导生成，使用运动轴进行步进电机和伺服电机的速度和位置控制。配置运动控制向导的步骤如下。

（1）启动运动控制向导。

打开编程软件"STEP 7-MicroWIN SMART"，在"工具"栏中双击"运动"按钮，运动控制向导如图3-78所示。

（2）选择轴数。

CPU ST20内设2个轴，在"轴数"栏中勾选"轴0"复选框，单击"下一个"按钮，如图3-79所示。

（3）轴命名。

将运动轴命名为"步进电机"，单击"下一个"按钮，如图3-80所示。

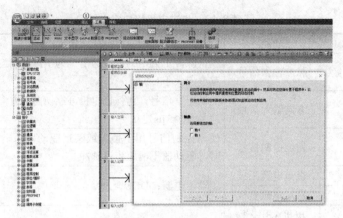

图3-78　运动控制向导

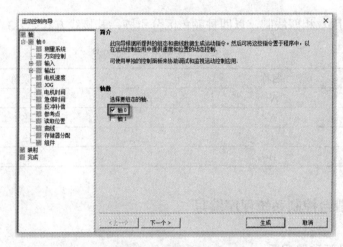

图3-79　勾选"轴0"复选框

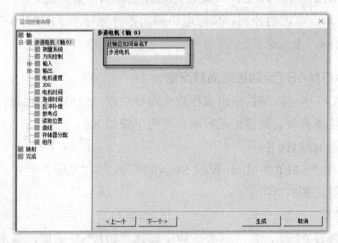

图3-80　轴命名

（4）配置测量系统。

在选择测量系统中选择"工程单位"选项，电机一次旋转所需的脉冲数为"800"，测量的基本单位为"mm"，电机一次旋转产生15.708mm的运动，单击"下一个"按钮，如图3-81所示。

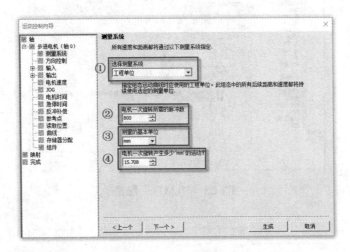

图3-81 测量系统

（5）配置方向控制。

相位选择"单相（2输出）"选项，一个为脉冲输出，一个为运动方向。极性选择"正"选项，单击"下一个"按钮，如图3-82所示。

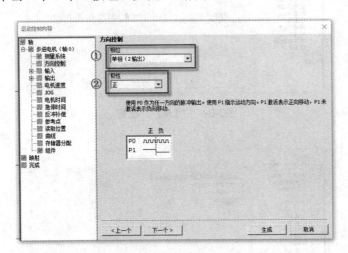

图3-82 方向控制

（6）分配输入点。

步骤1 在"LMT+"配置中，勾选"已启用"复选框，输入选择"I0.0"选项，响应为"立即停止"，单击"下一个"按钮，如图3-83所示。

步骤2 在"LMT-"配置中，勾选"已启用"复选框，输入选择"I0.1"选项，响应为"立即停止"，单击"下一个"按钮，如图3-84所示。

（7）分配输出点。

在"DIS"配置中，勾选"已启用"复选框，单击"下一个"按钮，如图3-85所示。

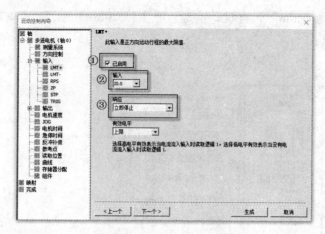

图3-83 "LMT+"配置

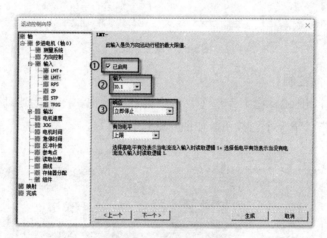

图3-84 "LMT-"配置

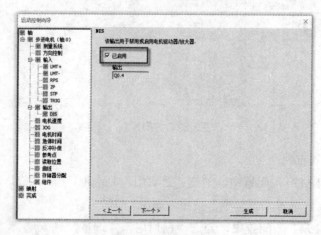

图3-85 分配输出点

（8）设置电机速度。

电机运动的最大速度（MAX_SPEED）为20mm/s，定义的最大速度不能过高，否则可能会失步，如图3-86所示。

（9）完成运动控制向导。

配置完成以后，单击"生成"按钮，完成运动控制向导。组态完毕后，在编程软件的项目树"调用子例程"中会显示所有的运动控制指令，编程时，可以根据需要调用相关指令。"调用子例程"中的指令如图3-87所示。

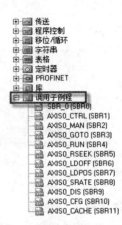

图3-86　设置电机速度　　　　　　　　　图3-87　"调用子例程"中的指令

3. PLC程序编写

按照机械滑台控制任务要求，参考已提供的PLC程序，编写机械滑台控制程序，编写完成后将程序写入S7-200 SMART PLC中，程序如图3-88所示。

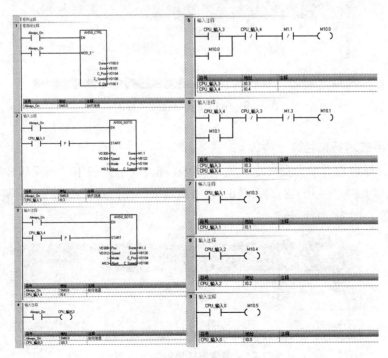

图3-88　PLC程序

3.3.3.4 机械滑台控制系统设备监控

1. 设备运行监控

将程序成功写入PLC设备之后，可以在线监控PLC设备的寄存器值。当PLC设备取电，外部运行指示灯点亮，PLC输出端Q0.3输出高电平。此时，在项目树中展开状态图表，双击"图表1"，在状态图表栏中输入寄存器Q0.3，可以实时监控寄存器状况，如图3-89所示。

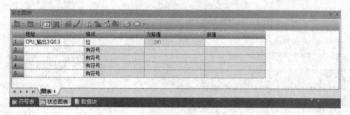

图3-89　寄存器Q0.3的状态

2. 滑台正转运行监控

首先在云平台设置滑台正转运动速度为200mm/s，然后按下外部正转按钮，滑台开始正转运行，PLC程序中的寄存器M10.0输出高电平。当滑台到达相应传感器位置时，其寄存器地址输出高电平。在PLC运行时，可监测PLC状态与寄存器的当前值，如图3-90所示。

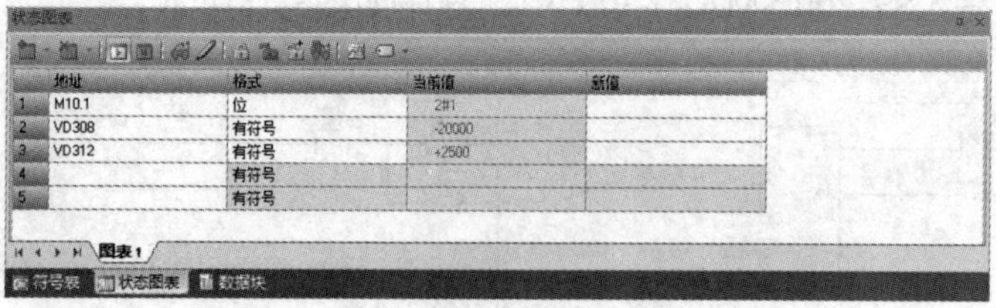

图3-90　滑台正转运行数据监测

3. 滑台反转运行监控

首先在云平台设置滑台反转运动速度为250mm/s，然后按下外部反转按钮，滑台开始反转运行，PLC程序中的寄存器M10.1输出高电平。在PLC运行时，可监测PLC状态与寄存器当前值，如图3-91所示。

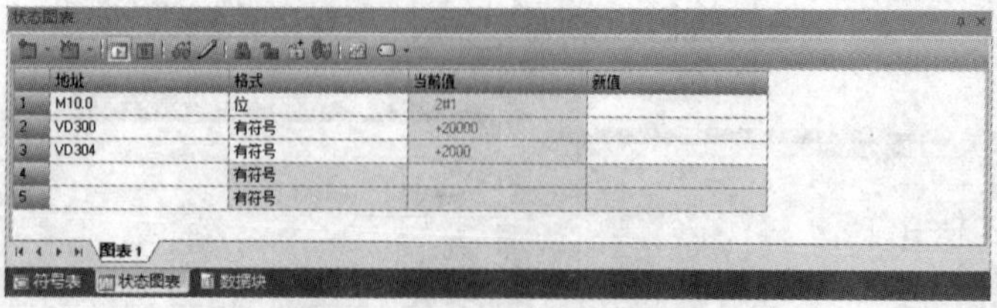

图3-91　滑台反转运行数据监测

3.3.3.5　机械滑台控制系统云平台

1. 登录云平台

打开浏览器，在地址栏输入"https://iot.intransing.net/"，进入云平台页面。云平台登录页面如图3-92所示。操作用户可以向项目管理员索取分配的账号、密码，根据提示分别填入相应的文本框中。确保账号、密码正确的情况下，单击"立即登录"按钮，可以快速进入云平台的主页面。

图3-92　组态登录页面

2. 组态应用

在云平台左侧菜单栏中选择"设备管理"选项，在下拉列表中选择"设备模板"选项，如图3-93所示。

此时，右侧窗体出现"设备模板"的页面，单击"机械滑台控制系统"模板的"组态设计"按钮，加载后出现恒温控制系统组态页面，如图3-94所示。

图3-93　选择"设备模板"选项

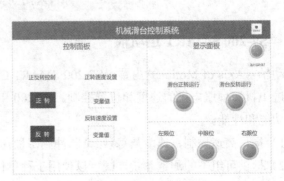

图3-94　组态设计页面

3. 组态功能测试

在云平台左侧菜单栏中选择"监控大屏"选项，如图3-95所示。

在监控大屏页面中，默认进入的是"设备监控"页面，如图3-96所示。

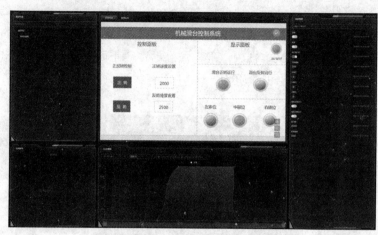

图3-95　选择"监控大屏"选项　　　　　图3-96　云组态监控大屏页面

在项目分组中选择 "机械滑台系统" 设备，测试组态功能是否实现，并在表3-18中填写。

表3-18　组态功能测试

功能	是否实现（实现打√，不能实现打×）
设备状态显示图标正确	
设备运行，运行指示灯点亮	
单击"正转"按钮，设置速度值，滑台正转运行	
单击"反转"按钮，设置速度值，滑台反转运行	
当滑台位于左限位传感器处时，左限位指示灯点亮	
当滑台位于中间限位传感器处时，中限位指示灯点亮	
当滑台位于右限位传感器处时，右限位指示灯点亮	

3.3.4　知识提炼

3.3.4.1　S7-200 SMART 运动轴

运动轴（Axis of Motion）内置于S7-200 SMART CPU的运动控制功能，使用运动轴进行步进电机和伺服电机的速度和位置控制。S7-200 SMART提供3个轴的开关位置控制所需的功能和性能。

（1）提供高速控制，速度从每秒2个脉冲到每秒100 000个脉冲。

（2）提供可组态的测量系统，既可以使用工程单位，也可以使用脉冲数。

（3）提供可组态的反冲补差。

（4）支持绝对、相对和手动位控方式。

（5）提供连续操作。

（6）提供多达32组移动曲线，每组最多可有16步。

（7）提供4种不同的参考点寻找模式，每种模式都可对起始的寻找方向和最终的接近方向进行选择。

S7-200 SMART CPU运动控制输入/输出点定义如表3-19所示。

表3-19　运动控制输入/输出

类型	信号	含义	I/O分配		
输入	STP	STP输入可让CPU停止脉冲输出	在位控向导中可被组态为I0.0～I0.7、I1.0～I1.3中的任意一个，但是同一个输入点不能被重复定义		
	RPS	RPS输入可为绝对运动操作建立参考点或零点位置			
	LMT+	LMT+和LMT-是运动位置的最大限制			
	LMT-				
	ZP(HSC)	ZP输入可帮助建立参考点或零点位置，电机驱动器在电机的每一转产生一个ZP脉冲	CPU本体高速计数器输入可被组态为ZP输入		
输出	P0	P0和P1是源型晶体管输出，用以控制电机的运动和方向	0轴	1轴	2轴
			Q0.0	Q0.1	Q0.3
	P1		Q0.2	Q0.7	Q1.0
	DIS	DIS是一个源型输出，用来禁止或使能电机驱动器	Q0.4	Q0.5	Q0.6

3.3.4.2　步进电机

步进电机是一种将电脉冲转换成角位移的执行机构，是专门用于精确调试和定位的特种电机。每输入一个脉冲，步进电机就会转过一个固定的角度。改变脉冲的数量和频率，可以控制步进电机角位移的大小和旋转速度。

1. 步距角

步距角是指控制系统发出一个脉冲信号，转子会转过一个固定的角度。步距角是步进电机的一个重要参数，在步进电机的铭牌上会标出。

2. 保持转矩

保持转矩是指步进电机通电但没有转动时，定子锁定转子的力矩。

3.3.4.3　步进电机驱动器

步进电机驱动器是一种能使步进电机运转的功率放大器。控制器发出脉冲信号和方向信号，步进电机驱动器接收到这些信号后，先进行环形分配和细分，然后进行功率放大，这样就将微弱的脉冲信号放大成安培级别的脉冲信号，从而驱动步进电机。

1. 拨码开关设置

步进电机驱动器通过拨码开关配置不同组合，从而设定步进电机的运行电流和细分精度。

（1）细分设定。

步进电机驱动器通过前三个拨码开关S1、S2和S3的不同组合，设定电机的细分。例如步进电机的步距角为1.8°，细分设置为4，那么步进电机转一圈需要的脉冲数为800个，公式为4×360°/1.8°=800。不同驱动器设置有所不同，具体可以见驱动器表面，如表3-20所示。

表3-20　步进电机驱动器细分倍数状态表

S1	S2	S3	细分倍数	脉冲
ON	ON	ON	NC	NV
ON	ON	OFF	1	200
ON	OFF	ON	2/A	400
OFF	ON	ON	2/B	400
ON	OFF	OFF	4	800
OFF	ON	OFF	8	1600
OFF	OFF	ON	16	3200
OFF	OFF	OFF	32	6400

（2）运行电流设定。

步进电机驱动器通过后三个拨码开关S4、S5和S6的不同组合，设定电机的运行电流。在设定运行电流时，需要根据步进电机参数来设定不超过步进电机的额定电流。其运行电流具体配置组合如表3-21所示，不同驱动器的设置有所不同，具体可以见驱动器的铭牌。

表3-21　步进电机驱动器运行电流状态表

S4	S5	S6	电流
ON	ON	ON	0.5A
ON	OFF	ON	1.0A
ON	ON	OFF	1.5A
ON	OFF	OFF	2.0A
OFF	ON	ON	2.5A
OFF	OFF	ON	2.8A
OFF	ON	OFF	3.0A
OFF	OFF	OFF	3.5A

2. 步进电机驱动器与控制器之间的接线

步进电机驱动器与控制器之间的接线方法分为共阴极接法和共阳极接法。本任务采用共阴极接法，其方向信号端为DIR，步进脉冲信号端为PULS，驱动器各控制端与控制器相连时需要外接限流电阻。步进电机驱动器与控制器之间的接线方式如图3-97所示。

共阳极接法

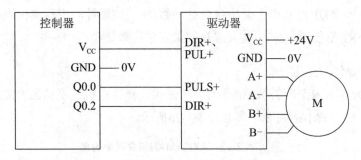

共阴极接法

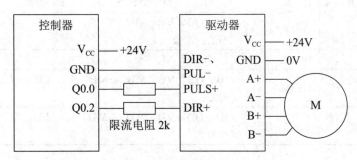

图3-97　步进电机驱动器与控制器之间的接线图

3.3.4.4　运动控制指令

1. AXISxCTRL指令

AXISxCTRL指令用于启用和初始运动轴，方法是自动命令运动轴每次CPU更改为RUN模式时加载组态/包络表。AXISxCTRL指令的参数如表3-22所示。

表3-22　AXISx CTRL指令的参数表

输入/输出	数据类型	操作数
MODEN	BOOL	I、Q、V、M、SM、S、T、C、L、能流
Done、CDir	BOOL	I、Q、V、M、SM、S、T、C、L
Error	BYTE	IB、QB、VB、MB、SMB、SB、LB、AC、*VD、*AC、*LD
CPos、CSpeed	DINT、REAL	ID、QD、VD、MD、SMD、SD、LD、AC、*VD、*AC、*LD

（1）MODEN参数必须开启，才能启用其他运动控制子例程向运动轴发送命令，如果MODEN参数关闭，则运动轴将终止进行中的任何指令并执行减速停止。

（2）Done参数会在运动轴完成任何一个子例程时开启。

（3）CDir参数表示电机的当前方向，信号状态0为正向，1为反向。

（4）Error参数存储该子程序运行时的错误代码。

（5）CPos参数表示运动轴的当前位置，根据测量单位，该值是脉冲数（DINT）或工厂单位数（REAL）。

（6）CSpeed参数提供运动轴的当前速度，如果针对脉冲组态运动轴的测量系统，CSpeed是一个DINT数值，其中包含脉冲数/秒。如果针对工程单位组态测量系统，CSpeed是一个REAL数值，其中包含选择的工程单位数/秒。

2. AXISxMAN指令

AXISxMAN指令用于将运动轴置为手动模式，允许电机按不同的速度运行，沿正向或负向慢进。AXISxMAN指令的参数如表3-23所示。

表3-23　AXISxMAN指令的参数表

输入/输出	数据类型	操作数
RUN、JOGP、JOGN	BOOL	I、Q、V、M、SM、S、T、C、L、能流
Speed	DINT、REAL	ID、QD、VD、MD、SMD、SD、LD、AC、*VD、*AC、*LD、常数
Dir、CDir	BOOL	I、Q、V、M、SM、S、T、C、L
Error	BYTE	IB、QB、VB、MB、SMB、SB、LB、AC、*VD、*AC、*LD
CPos、CSpeed	DINT、REAL	ID、QD、VD、MD、SMD、SD、LD、AC、*VD、*AC、*LD

（1）RUN参数命令运动轴加速至指定的速度和方向，可以在电机运行时更改Speed参数，但Dir参数必须保持常数。禁用RUN参数会命令运动轴减速，直至电机停止。

（2）JOGP、JOGN参数命令运动轴正向或反向点动。如果JOGP或JOGN参数保直启用的时间短于0.5秒，则运动轴将通过脉冲指示移动JOGINCREMENT中指定的距离。如果JOGP或JOGN参数保持启用的时间为0.5秒或更长，则运动轴将开始加速至指定的JOGSPEED。

（3）Speed参数决定启用 RUN 时的速度。如果针对脉冲组态运动轴的测量系统，则速度为 DINT 值（脉冲数/秒）。如果针对工程单位组态运动轴的测量系统，则速度为REAL 值（单位数/秒）。

（4）Dir参数确定当 RUN 启用时移动的方向。

（5）CPos 参数包含运动轴的当前位置。 根据所选的测量单位，该值是脉冲数（DINT）或工程单位数（REAL）。

（6）CSpeed 参数包含运动轴的当前速度。 根据所选的测量单位，该值是脉冲数/秒（DINT）或工程单位数/秒（REAL）。

3. AXISxGOTO指令

AXISxGOTO指令用于命令运动轴转到所需位置。AXISxGOTO指令的参数如表3-24所示。

表3-24　AXISxGOTO指令的参数表

输入/输出	数据类型	操作数
START	BOOL	I、Q、V、M、SM、S、T、C、L、能流
Pos、Speed	DINT、REAL	ID、QD、VD、MD、SMD、SD、LD、AC、*VD、*AC、*LD、常数
Mode	BYTE	IB、QB、VB、MB、SMB、SB、LB、AC、*VD、*AC、*LD、常数
Abort、Done	BOOL	I、Q、V、M、SM、S、T、C、L
Error	BYTE	IB、QB、VB、MB、SMB、SB、LB、AC、*VD、*AC、*LD
CPos、CSpeed	DINT、REAL	ID、QD、VD、MD、SMD、SD、LD、AC、*VD、*AC、*LD

（1）START参数开启会向运动轴发出GOTO命令，对于在START参数开启且运动轴当前不繁忙时执行的每次扫描，该子例程向运动轴发送一个GOTO命令。为了确保仅发送了一个GOTO命令，使用边沿检测元素用脉冲方式开启START参数。

（2）Pos参数包含一个数值，指示要移动的位置或距离。根据所选的测量单位，该值是脉冲数（DINT）或工程单位数（REAL）。

（3）Speed参数确定该移动的最高速度，根据所选的测量单位，该值是脉冲数/秒或工程单位数/秒。

（4）Mode参数选择移动的类型：

0：绝对位置，1：相对位置，2：单速度连续正向旋转，3：单速连续反向旋转。

（5）Abort参数启动会命令运动轴停止当前包络并减速，直至电机停止。

3.3.5　任务评估

检查内容	检查结果		满意率		
线槽是否安装牢固，且线槽盖板是否盖好	是□	否□	100%□	70%□	50%□
机械滑台系统硬件设备安装是否牢固	是□	否□	100%□	70%□	50%□
机械滑台系统线路连接是否正确	是□	否□	100%□	70%□	50%□
以太网通信网络通信实操是否正常	是□	否□	100%□	70%□	50%□
PC端与PLC通信是否正常	是□	否□	100%□	70%□	50%□
PLC程序编写是否正确	是□	否□	100%□	70%□	50%□
机械滑台控制系统调试是否正常	是□	否□	100%□	70%□	50%□
云平台组态页面是否显示正常	是□	否□	100%□	70%□	50%□
云平台组态功能测试是否正常	是□	否□	100%□	70%□	50%□
完成任务后使用的工具是否摆放、收纳整齐	是□	否□	100%□	70%□	50%□
完成任务后工位及周边的卫生环境是否整洁	是□	否□	100%□	70%□	50%□

3.3.6 拓展练习

▶▶ **理论题：**

1. S7-200 SMART ST20型的PLC，提供（　　）个运动轴。

A. 1   B. 2

C. 3   D. 4

2. 以下指令中用于将运动轴置为手动模式的是（　　）。

A. AXISxCTRL   B. AXISxMAN

C. AXISxGOTO   D. AXISx_RUN

3. 下列选项中为步进电机驱动器的方向信号端的是（　　）。

A. PULS   B. DIR

C. EN   D. V_{CC}

4. 步进电机驱动器的后三个拨码设定步进电机的运行电流，S4、S5、S6的状态为OFF、ON、OFF，表示允许电流为（　　）。

A. 1A   B. 1.5A

C. 2A   D. 3A

5. 一款步进电机的铭牌上标有步距角为1.8°，如果细分旋转为8，那么步进电机转一圈需要的脉冲数为（　　）个。

A. 800   B. 1600

C. 3200   D. 4000

▶▶ **操作题：**

请编写PLC程序实现钻孔动力头的控制，该动力头的加工过程示意如图3-98所示，控制要求如下。

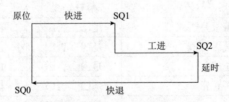

图3-98　钻孔动力头加工过程示意图

（1）动力头在原位，按下启动按钮SB1，动力头快进（YV1得电）。

（2）当动力头碰到限位开关SQ1后，接通电磁阀YV1和YV2，动力头由快进转为工进，同时动力头电机转动。

（3）当动力头碰到限位开关SQ2后，工进结束，开始延时5秒。

（4）延时时间到，接通电磁阀YV3，动力头快退。

（5）动力头回到原位即停止。

3.4 任务4 工业物联网热贴合生产线安装与调试

3.4.1 任务描述

热贴合技术是一种新型的加工技术，在服装、电缆绝缘材料、电池隔膜和包装材料等领域得到了广泛应用。热贴合技术在服装加工方面的应用，是指在一定温度和压力的条件下用热熔胶膜把待缝合的衣片通过热压黏合到一起。本任务模拟服装无缝制造部分生产线，包括恒温调控、定点运送、无缝压制等步骤。通过物联网技术可以实现远程实时监测数据和远程故障诊断与处理。现要求工业物联网实施人员小宋根据任务工单在现场完成热贴合生产线的安装、配置和调试。

任务实施之前，需要认真研读任务工单和热贴合生产线系统设计图，了解系统中要使用的设备，充分做好实施前的准备工作。

任务实施过程中，首先使用线槽、接线端子等部件规范工程布线；然后根据安装布置图，安装本任务需要的设备，另外连接热贴合生产线系统的线路，并使用万用表检测连通性；最后，完成热贴合生产线系统的PLC程序编写与调试，通过PLC云网关连接上云，从而实现物联网远程控制与管理。实践过程中要体现严谨细致的工作态度，把每一个细节都考虑得周密、严谨、细致。

任务实施之后，进一步学习S7-200 SMART PLC模拟量模块配置以及PLC程序编程。

3.4.2 任务工单与准备

3.4.2.1 任务工单

任务名称	工业物联网热贴合生产线安装与调试					
负责人姓名	宋××		联系方式	135××××××××		
实施日期	2022年×月×日		预计工时	150min		
工作场地情况	室内，空间约360m²，水电已通，已装修，能连接外网					
	工作内容					
设备选型	设备	型号	产品图片	设备	型号	产品图片
	西门子PLC	SIMATIC S7-200 SMART		PLC云网关	USR-PLCNET210	

设备选型	路由器	TL-R406		断路器	NXBLE-32-C6	
	单相电子式电能表	DDSU666		开关电源	DR-60-24	
	直流数显表	PZEM-031		继电器	YJ3N-GS-12VDC	
	温度采集器	YS7001-RS485		加热板	/	
	散热风机	DC-BRUSHLESS		串口转换器	USB-TO-RS485	
	按钮	YJ139-LA38		步进电机驱动器	/	
	限位传感器	SN04-P		接近开关	LJ12A3-4-Z/BX	
	红色指示灯	/		绿色指示灯	/	

| 设备选型 | RS-485转
DB9母头 | / | | 串口头转
DB9公头 | / | |
| | 机械滑台 | / | | | | |

	工序	工作内容	时间 安排
进度安排	①	热贴合生产线设备布局及安装	30min
	②	热贴合生产线线路连接及检查	30min
	③	设备协议配置与通信	20min
	④	PLC程序编写与调试	30min
	⑤	云平台测试	20min
	⑥	测试后的调整与优化	20min
结果评估 （自评）	完成 □　基本完成 □　未完成 □　未开工 □		
情况说明			
客户评估	很满意 □　满意 □　不满意 □　很不满意 □		
客户签字			
公司评估	优秀 □　良好 □　合格 □　不合格 □		

3.4.2.2　任务准备

1．明确任务要求

本次任务是通过物联网链路器（DTU）、PLC和PLC云网关，将物联网感知器件、控制设备、执行器件连等设备连接到指定云平台上，从而实现物联网远程控制与管理。热贴合生产线控制要求：当设备上电时，外部绿色指示灯点亮；通过云平台或外部按钮可以控制热贴合生产线是否工作；当生产线工作时，机械滑台到达初始位置（0刻度），空气泵工作，将待黏合的衣物装置固定；接近开关检测到待加工装置时，机械滑台定点运送到固定位置（10刻度），进行无缝压制；设备运行过程中，当热贴合温度超过上限值或低于下限值，红外部红色指示灯点亮，暂停压制工作。

2．检查环境、设备

（1）确认工作环境安全，排除用电安全隐患。

（2）对照系统设计图检查设备是否正确安装、连接。

（3）检测网络是否畅通，设备是否在线。

（4）检测PLC通信是否正常。

3. 安排好人员分工和时间进度

本任务可以安排一名设备调试员进行操作，预计用时150min。其中，使用30min安装热贴合生产线系统设备，使用30min安装热贴合生产线系统线路并检查，使用20min配置设备通信协议，确认网络畅通，使用30min完成PLC程序编写与调试，使用20min完成云平台测试，使用20min完成测试后的调整。

3.4.3　任务实施

3.4.3.1　热贴合生产线系统硬件安装

热贴合生产线的硬件设备安装工艺，参照3.1节和3.3节的设备安装要求和规范，参考如图3-99所示的热贴合生产线安装布置图，完成硬件设备的安装。安装时，注意面板尺寸情况，合理布置设备安装位置。

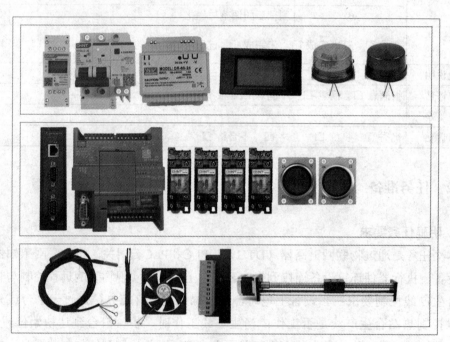

图3-99　热贴合生产线安装布置图

热贴合生产线系统设备安装效果图如图3-100所示。

3.4.3.2　热贴合生产线系统线路连接

热贴合生产线系统涉及的设备较多，线路较复杂，工程实施人员可以分模块依次进行连接，避免漏接、错接。

1. 电源系统线路连接

热贴合生产线系统的设备均采用24V直流电源供电，需要将220V的交流电转换为

24V的直流电，供PLC模块、步进电机驱动器、PLC云网关、多模链路器和温度采集器等设备供电，电源系统线路如图3-101所示。

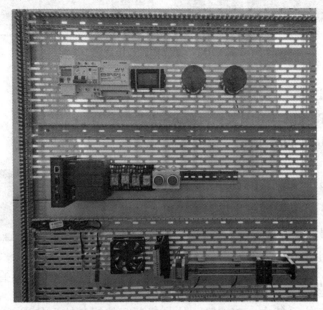

图3-100　热贴合生产线安装效果图

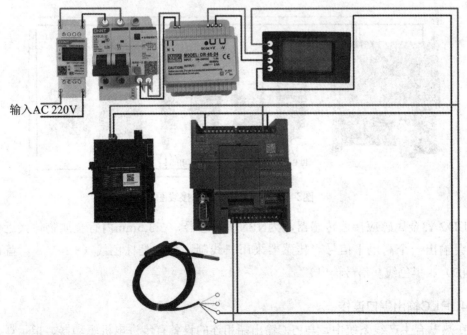

图3-101　电源系统线路图

PZEM-031型号的直流数显表内置分流器，无须外接，接线方式如图3-102所示，也可以查看直流数显表背面提供的图片，需要注意直流数显表的电源输入端务必接直流电源，输出端接负载。

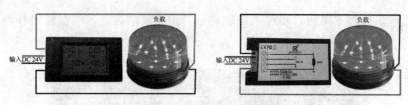

图3-102 直流数显表接线图

2. PLC通信连接

S7-200 SMART PLC本体只提供一个 RS-485 端口（端口0）与PLC云网关通信。而温度采集器也支持RS-485通信，通过多模链路器连接直接上云。S7-200 SMART PLC本体与PLC云网关以及多模链路器三者通信采用以太网通信协议，其中PLC本体与PLC云网关通信连接方式可参考图3-7。热贴合生产线系统的通信网络如图3-103所示。

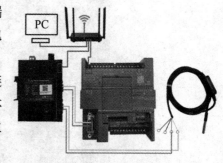

图3-103 通信网络接线图

3. PLC输入端口连接

在热贴合生产线系统中，PLC输入信号来源于按钮和接近传感器，外部设备动作时，PLC的输入端检测到信号，会根据信号进行相应动作，其接线方式如图3-104所示。

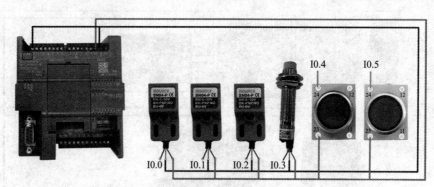

图3-104 PLC输入端口接线图

LJ12A3金属感应接近传感器，为NPN型传感器，在3.5mm内有金属物体接近传感器，会输出一个高电平信号。传感器采用三线制，分别是棕色线（+24V）、蓝色线（GND）、黑色线（信号输出）。

4. PLC输出端口连接

在热贴合生产线系统中，与PLC输出端相连的设备有步进电机驱动器、指示灯、风机和加热板等。其中指示灯、风机和加热板需要先与中间继电器相连后再与PLC输出端连接，而步进电机驱动器已有相应隔离保护，可与PLC输出端直接连接。PLC输出端口连接方式如图3-105 所示。

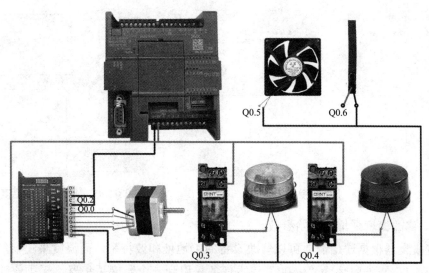

图3-105　PLC输出端口接线图

3.4.3.3　温度传感器配置

YS7001温度采集器与S7-200 SMART PLC连接之前，需要与上位机连接，修改通信参数。可以使用上位机软件"YS7001温度变送器测试工具"查询温度采集器初始信息，并配置相关参数。

1. 温度采集器与上位机通信连接

YS7001温度采集器与上位机采用RS-485串口连接时，可以借助串口转换器与计算机的USB口连接。计算机USB口输出电源为5V直流，可以直接供温度采集器使用，连接方式如图3-106所示。

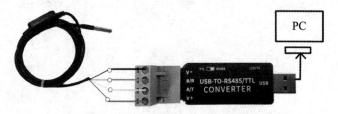

图3-106　温度采集器与上位机接线图

2. 温度采集器通信配置

YS7001温度采集器通过串口转换器与计算机连接后，打开上位机软件"YS7001温度变送器测试工具"，软件的基本操作界面如图3-107所示。

（1）连接温度采集器。

MODBUS端口设置，串口号根据实际情况选择，波特率选择"9600"选项，奇偶校验选择"无"选项，设备地址为"1"，单击"连接"按钮，当"温度显示"窗口显示温度数，说明上位机已成功连接温度采集器，如图3-108所示。

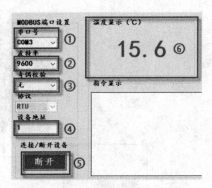

图3-107　上位机操作界面　　　　　图3-108　上位机连接温度采集器

（2）修改温度采集器初始参数。

温度采集器根据通信需要可以修改设备的ID地址和波特率，而温度采集器默认的设备地址为"1"，波特率为"9600"，本任务只用到一个温度采集器，无须修改，需要注意参数修改后，温度采集器会断开连接，修改通信参数后需要重新连接。

3. 温度采集器与PLC云网关通信配置

温度采集器通过PLC云网关的RS-485通信后将数据与PLC进行关联，3.1节中有PLC云网关的具体配置。温度采集器的相关配置需要登录云平台，具体操作如下。

步骤1　登录云平台，在"设备管理"的下拉列表中选择"变量模板"选项，如图3-109所示。

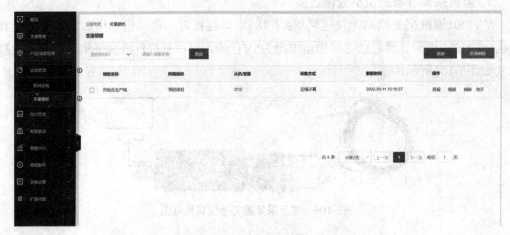

图3-109　打开"变量模板"窗口

步骤2　在打开的窗口中选择"热贴合生产线"选项，单击"编辑"按钮，进入"编辑变量模板"窗口，如图3-110所示。

步骤3　单击"编辑从机"按钮，打开"编辑从机"窗口，配置如图3-111所示，配置完成后单击"确认"按钮。

步骤4　单击"添加变量"按钮，打开"添加变量"窗口，配置信息如图3-112所示，配置完成后单击"确认"按钮。

　　步骤5　单击"添加触发器"按钮，打开"添加模板触发器"窗口，配置温度上下限报警，触发器名称为"温度上限报警"，配置如图3-113所示，配置完成后单击"确认"按钮，温度上限报警完成，温度下限报警按相同操作完成。

图3-110　"编辑变量模板"窗口

图3-111　"编辑从机"窗口

图3-112　"添加变量"窗口　　　　　　**图3-113**　"温度上限报警"窗口

3.4.3.4 热贴合生产线系统 PLC 程序

按照热贴合生产线控制要求，参考已提供的PLC程序，编写热贴合生产线的程序，编程完成后将PLC程序写入S7-200 SMART PLC中进行调试，PLC程序如图3-114所示。

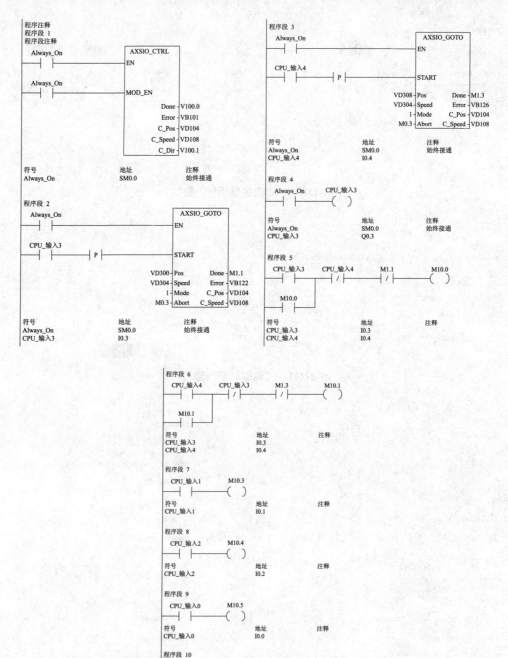

图3-114 PLC程序

3.4.3.5　热贴合生产线系统云平台

1. 登录云平台

打开浏览器，在地址栏输入"https://iot.intransing.net/"，进入云平台页面。云平台登录页面如图3-115所示。操作用户可以向项目管理员索取分配的账号、密码，根据提示分别填入相应的文本框中。确保账号、密码正确的情况下，单击"立即登录"按钮，可以快速进入云平台的主页面。

图3-115　登录页面

2. 组态应用

在云平台左侧菜单栏中选择"设备管理"选项，在下拉列表中选择"设备模板"选项，如图3-116所示。

此时，右侧窗体中出现"设备模板"的页面，单击"机械滑台控制系统"模板的"组态设计"按钮，加载后出现恒温控制系统组态页面，如图3-117所示。

图3-116　选择"设备模板"选项

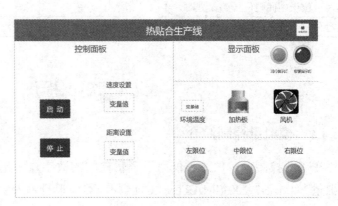

图3-117　组态设计页面

3.组态功能测试

在云平台左侧菜单栏中选择"监控大屏"选项，如图3-118所示。

在监控大屏页面中，默认进入的是"设备监控"页面，如图3-119所示。

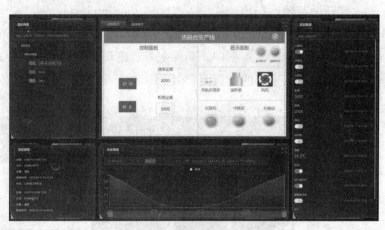

图3-118　选项"监控大屏"选项　　　　图3-119　云组态监控大屏页面

在项目分组中选择"机械滑台系统"设备，测试组态功能是否实现，并在表3-25中填写完成。

表3-25　组态功能测试

功能	是否实现（实现打√，不能实现打×）
设备状态显示图标正确	
设备运行，运行指示灯点亮	
温度超出上限值或低于下限值，报警指示灯点亮	
正常显示热贴合温度	
热贴合温度超出上限值，风机运行	
热贴合温度低于下限值，加热板加热	
单击"启动"按钮，设置速度值和距离值，滑台运行	
单击"停止"按钮，滑台回到初始位置后停止运行	
当滑台位于左限位传感器处时，左限位指示灯点亮	
当滑台位于中间限位传感器处时，中限位指示灯点亮	
当滑台位于右限位传感器处时，右限位指示灯点亮	

3.4.4　知识提炼

3.4.4.1　模拟量控制简介

在工业控制中，PLC不仅用于逻辑控制的数字量，也经常用于采集电流、电压等模拟量参数。S7-200 SMART PLC配置有4路模拟量输入EM AE04和8路模拟量输入EM AE08两种，将输入的模拟量信号转化为数字量，并将结果存入模拟量输入映像寄存器

AI中。模拟量输出模块有2路模拟量输出EM AQ02和4路模拟量输出EM AQ04两种，能将模拟量输出映像寄存器AQ中的数字量转换为可用于驱动负载的模拟量。

1. 模拟量输入模块

普通模拟量模块可以采集标准电流和电压信号，其中，电流包括0～20mA和4～20mA两种信号，电压包括±2.5V、±5V、±10V三种信号，可以用过编程软件进行设置。模拟量输入模块EM AE04需要24V电源供电，可以采用开关电源供电，其模块接线方式如图3-120所示，每个模拟量通道都有两个接线端子。根据传感器接线方式的不同，一般分为二线制、三线制、四线制三种类型，不同类型的信号其接线方式有所不同，具体参考使用手册。

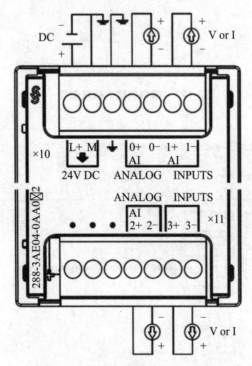

图3-120 模拟量模块EM AE04接线方式

在编程软件中，可以对模拟量输入模块EM AE04进行组态配置，在系统块窗口添加EM AE04模块，有4路通道可以选择，采集的信号类型可以选择电压或电流信号，信号范围根据选择的信号类型确定，具体如图3-121所示。

2. 模拟量输出模块

模拟量输出模块只有两种量程，分别是电压信号±10V和电流信号0～20mA，可以在编程软件中进行配置。在编程软件的系统块窗口添加EM AQ02模块，有2路通道可以选择，采集的信号类型可以选择电压或电流信号，信号范围根据选择的信号类型来选择，具体如图3-122所示。

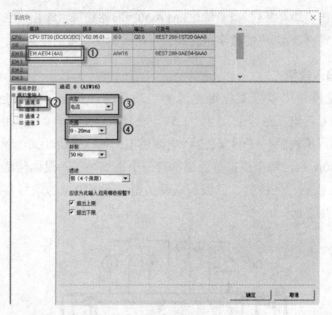

图3-121　模拟量输入模块配置

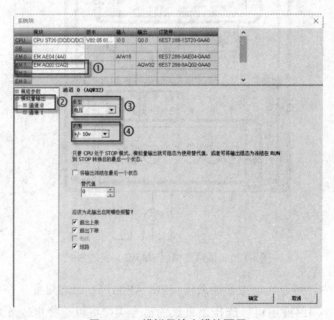

图3-122　模拟量输出模块配置

3.4.4.2　模拟量比例换算

实际物理量与PLC采集的模拟量转换成的数字量存在一个比例关系，在程序编写时需要找出被测量与A/D转换后的数字量之间的比例关系。模拟量的输入/输出的通用换算公式：

$$O_{\mathrm{V}}=[(O_{\mathrm{sh}}-O_{\mathrm{sl}})\times\frac{I_{\mathrm{v}}-I_{\mathrm{sl}}}{I_{\mathrm{sh}}-I_{\mathrm{sl}}}+O_{\mathrm{sl}}]$$

其中：O_V 为换算结果，O_{sh} 为换算结果的上限值，O_{sl} 为换算结果的下限值，I_v 为换算对象，I_{sh} 为换算对象的上限值，I_{sl} 为换算对象的下限值。模拟量比例换算关系如图3-123所示。

例如，某温度采集器量程为1℃～80℃，输出信号为4～20mA，模拟量输入模块EM AE04量程为0～20mA，转换成的数字量为0～27648，其比例关系如图3-124所示。

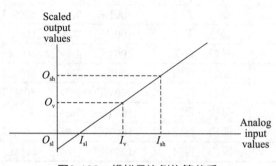

图3-123　模拟量比例换算关系

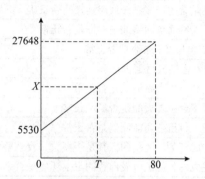

图3-124　被测温度与数字量的对应关系

温度采集器输出电流的范围为4～20mA，而模拟量输入模块的量程为0～20mA，转换后的数字量为0～27648，因此4mA的电流对应的数量为27648÷20×4≈5530。

$$X=\left[(27648-5530)\times \frac{T}{80}+5530\right]$$

即 $T=\dfrac{(X-5530)\times 80}{27648-5530}$。

根据上述公式进行模拟量程序编写，计算出被测温度，程序如图3-125所示。

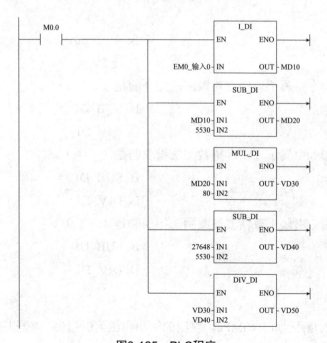

图3-125　PLC程序

3.4.5　任务评估

检查内容	检查结果		满意率		
线槽是否安装牢固，且线槽盖板是否盖好	是□	否□	100%□	70%□	50%□
热贴合生产线系统硬件设备安装是否牢固	是□	否□	100%□	70%□	50%□
热贴合生产线系统线路连接是否正确	是□	否□	100%□	70%□	50%□
以太网通信网络通信实操是否正常	是□	否□	100%□	70%□	50%□
PC端与PLC通信是否正常	是□	否□	100%□	70%□	50%□
PLC程序编写是否正确	是□	否□	100%□	70%□	50%□
热贴合生产线调试是否正常	是□	否□	100%□	70%□	50%□
云平台组态页面是否显示正常	是□	否□	100%□	70%□	50%□
云平台组态功能测试是否正常	是□	否□	100%□	70%□	50%□
完成任务后使用的工具是否摆放、收纳整齐	是□	否□	100%□	70%□	50%□
完成任务后工位及周边的卫生环境是否整洁	是□	否□	100%□	70%□	50%□

3.4.6　拓展练习

▶ 理论题

1. 在S7-200 SMART PLC中，模拟量输入模块只有4路输入通道的是（　　）。

A. EM　AE04　　　　　　　　　　　　B. EM　AE08

C. EM　AQ02　　　　　　　　　　　　D. EM　AQ04

2. 模拟量输入模块EM AE04支持检测电压信号与电流信号，以下选项不是信号检测量程的是（　　）。

A. 0～20mA　　　　　　　　　　　　B. 4～20mA

C. ±10V　　　　　　　　　　　　　　D. ±5V

3. 下列PLC指令中属于双精度整数减法指令的是（　　）。

A. ADD_DI　　　　　　　　　　　　B. SUB_DI

C. MUL_DI　　　　　　　　　　　　D. DIV_DI

4. 下列PLC指令中属于双精度整数加法指令的是（　　）。

A. ADD_DI　　　　　　　　　　　　B. SUB_DI

C. MUL_DI　　　　　　　　　　　　D. DIV_DI

5. 下列PLC指令中属于双精度整数乘法指令的是（　　）。

A. ADD_DI　　　　　　　　　　　　B. SUB_DI

C. MUL_DI　　　　　　　　　　　　D. DIV_DI

▶ 操作题

某压力传感器量程为0～10MPa，对应的输出电压为0～10V，模拟量输入模块EM AE04量程为-10～10V，编写程序求算压力值。

3.5　项目总结

1. 任务完成度评价表

任务	要求	权重	分值
工业物联网恒温控制系统安装与调试	能够根据任务工单和系统设计图的要求，完成恒温控制系统硬件设备安装和线路连接；能够实现以太网、PC端与PLC之间的正常通信；能够通过调试PLC程序使恒温控制系统正常运行；能够实现系统上云，且组态功能测试正常	23	
工业物联网射频控制系统安装与调试	能够根据任务工单和系统设计图的要求，完成射频控制系统硬件设备安装和线路连接；能够实现以太网、PC端与PLC之间正常通信；能够通过调试PLC程序使射频控制系统正常运行；能够实现系统上云，且组态功能测试正常	23	
工业物联网机械滑台控制系统安装与调试	能够根据任务工单和系统设计图的要求，完成机械滑台系统硬件安装和线路连接；能够实现以太网、PC端与PLC之间正常通信；能够通过调试PLC程序，使机械滑台控制系统正常运行；能够实现系统上云，且组态功能测试正常	23	
工业物联网热贴合生产线安装与调试	能够根据任务工单和系统设计图的要求，完成热贴合生产线系统硬件设备安装和线路连接；能够实现以太网、PC端与PLC之间的正常通信；能够通过调试PLC程序，使热贴合生产线正常运行；能够实现系统上云，且组态功能测试正常	23	
总结与汇报	呈现项目实施效果，做项目总结汇报	8	

2. 总结反思

项目学习情况：
心得与反思：

项目 4

工业物联网云平台应用

项目概况

工业物联网云平台是开发和运行各种工业物联网应用功能的云平台，其面向制造业的数字化、网络化、智能化需求，构建基于海量数据采集、汇聚、分析的服务体系，支撑制造资源的泛在连接、弹性供给、高效配置，包括边缘、平台、应用三大核心层。

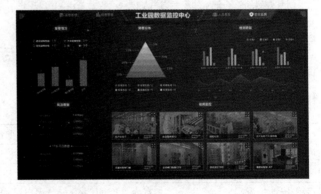

小苏是本项目实施人员，工作中他运用专业知识与技能，以工业物联网云平台的应用需求为指引，在特定场景中凭借规范、严谨的专业素养，完成工业物联网云平台的基础配置、云平台数据可视化应用、OneNET云平台应用。

通过本项目学习，读者能够根据线路图要求完成硬件设备的安装与线路连接；能够设置多模链路器的技术参数，实现与云平台的通信；能够配置物联网云平台，使传感器所采集的数据上传到物联网云平台。能够对传感器上传的数据进行分析，根据数据特点选择合适的数据可视化形式，完成组态页面设计，实现实时监控环境噪声状况与报警灯等设备的情况，为后续数据分析打好基础；能够配置OneNET云平台产品、云平台设备、G771设备参数，实现云平台设备上线，且熟悉OneNET云平台开发的流程和应用。

4.1 任务1 工业物联网云平台基础配置

4.1.1 任务描述

物联网云平台即在物联网应用和真实设备之间搭建高效、稳定、安全的应用平台。依托物联网云平台能力，可实现对无线终端统一智能接入管理、解析、数据管理、分析、应用赋能等基础能力，实现企业全厂区终端感知设备的数据上云，助力打造智慧应用。传感器等设备需要快速接入物联网云平台，离不开多模链路器的配置。现要求工业物联网实施人员小苏根据任务工单要求完成噪声监测物联网云平台环境设备配置。

任务实施之前，需要认真研读任务工单，了解所要使用的设备和信息，充分做好实施前的准备工作。

任务实施过程中，首先根据线路图要求完成硬件设备的安装与线路连接；然后根据设备的功能、性能要求，设置多模链路器的技术参数；最后，根据实际应用需求，配置物联网云平台，并进行功能测试。实践过程中要体现严谨细致的工作态度，把每一个细节都考虑得周密、严谨、细致。

任务实施之后，进一步认识多模链路器的功能和网络透传模式。

4.1.2 任务工单与准备

4.1.2.1 任务工单

任务名称	工业物联网云平台基础配置					
负责人姓名	苏××		联系方式		135××××××××	
实施日期	2022年×月×日		预计工时		150min	
工作场地情况	室内，空间约60m²，水电已通，已装修，能连接外网					
工作内容						
设备选型	设备	型号	产品图片	设备	型号	产品图片
	多模链路器	ITS-IOT-GW24WEA_v1.2.0		开关电源	DR-60-24	

208

设备选型	噪声采集器	Zs7001-RS485		断路器	NXBLE-32-C32	
	单相电子式电能表	DDSU666				

	工序	工作内容	时间安排
进度安排	①	噪声监测系统设备布局及安装	30min
	②	工业物联网云平台基础配置	40min
	③	设备参数配置	20min
	④	物联网云平台设备上线	20min
	⑤	物联网云平台上噪声数据实时采集	20min
	⑥	测试后的调整与优化	20min
结果评估（自评）	完成 □　　基本完成 □　　未完成 □　　未开工 □		
情况说明			
客户评估	很满意 □　　满意 □　　不满意 □　　很不满意 □		
客户签字			
公司评估	优秀 □　　良好 □　　合格 □　　不合格 □		

4.1.2.2　任务准备

1. 明确任务要求

本次任务是通过物联网链路器，将物联网感知器件连接到指定云平台上，从而实现物联网设备管理和数据采集。

2. 检查环境、设备

（1）确认工作环境安全，排除用电安全隐患。

（2）对照系统设计图检查设备是否正确安装、连接。

（3）检测网络是否畅通，设备是否在线。

（4）检测物联网链路器是否正常。

3.安排好人员分工和时间进度

本任务可以安排一名设备调试员进行操作，预计用时150min。其中，安装噪声监测系统设备30min，配置工业物联网云平台40min，配置设备参数20min，调试物联网云平台设备上线20min，调试物联网云平台噪声数据实时采集20min，完成调整与优化20min。

4.1.3　任务实施

4.1.3.1　噪声监测系统硬件安装与线路连接

将导轨固定在物联网实训架上，然后将断路器、电能表及开关电源通过卡扣安装于导轨上，如图4-1所示。

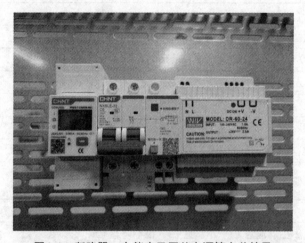

图4-1　断路器、电能表及开关电源等安装效果

在物联网实训架合适的位置安装噪声传感器、多模链路控制器，如图4-2所示。

图4-2　噪声传感器、多模链路器等安装效果

图4-3是本任务的系统设计图，工程实施人员需要根据设计图进行线路连接与调试。

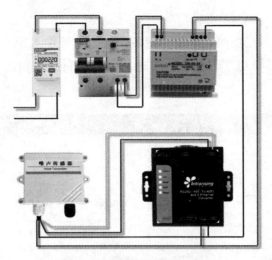

图4-3　噪声监测系统设计图

噪声监测系统线路较复杂，可以分模块依次进行连接，首先连接电源系统线路，传感器等设备均采用24V直流电源供电；然后连接通信线路，根据传感器上的标签说明，将传感器的黄色线（RS-485A）连接到多模链路器上的接线柱（RS-485A），再将传感器的蓝色线（RS-485B）连接到多模链路器上的接线柱（RS-485B）。

4.1.3.2　工业物联网云平台基础配置

1．物联网平台配置

1）登录云平台账号

在计算机上打开浏览器，在地址栏输入中盈创信物联网云平台的网址：https://iot.intransing.net，如图4-4所示。操作用户可以向项目管理员索取分配的账号、密码，根据提示分别填入相应的文本框中。确保账号、密码正确的情况下，单击"立即登录"按钮，可以快速进入主页面。

图4-4　中盈创信物联网云平台主页面

2）创建项目

进入云平台之后，在页面左侧的"设备管理"列表中选择"项目分组"选项；在如图4-5所示的"项目分组"界面中，单击"创建项目"按钮，弹出"添加项目"对话框。

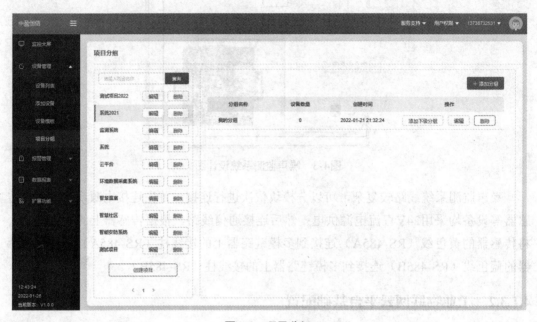

图4-5　项目分组

在"添加项目"对话框的项目名称栏中输入"噪声监测系统"，然后单击"确认"按钮，如图4-6所示。

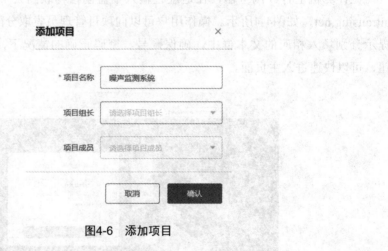

图4-6　添加项目

3）创建设备模板

（1）添加设备模板。

在云平台左侧菜单栏中选择"设备管理"选项，在下拉列表中选择"设备模板"选项，打开如图4-7所示的"设备模板"页面。

图4-7 "设备模板"页面

在"添加设备模板"对话框的所属项目栏中选择"噪声监测系统"选项；在设备模板名称栏中输入"多模链路器模板"；采集方式选中"云端轮询"单选按钮；然后单击"下一步，配置从机和变量"按钮，如图4-8所示。

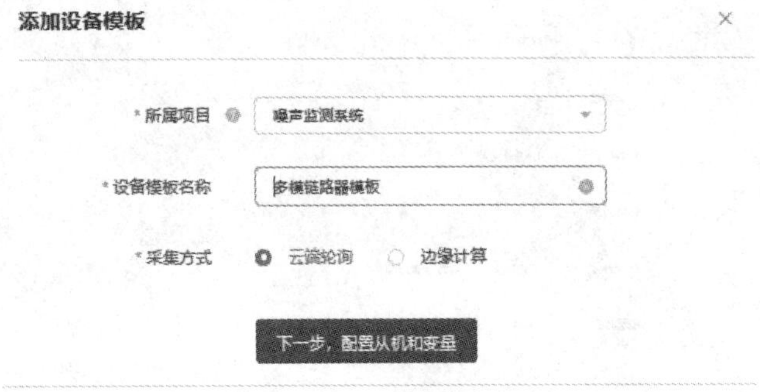

图4-8 添加设备模板信息

（2）添加从机。

添加设备模板信息之后，可以通过单击"下一步，配置从机和变量"按钮进行从机与变量配置，也可以在"设备模板"页面中单击"多模链路器模板"后面的"编辑"按钮进行从机与变量配置。

在弹出的"添加从机"对话框中，将协议和产品设置为"Modbus/ModbusRTU/云端轮询"；从机名称设置为"噪声传感器"；串口序号可以根据实际情况填写，默认为"1"（如果设备只有一个串口，串口序号请选择"1"；如果设备是双串口，使用串口的标识为COM1时串口序号选择"1"，使用串口标识为COM2时串口序号选择"2"）；从机地址可根据实际情况填写，首个从机设备可填写"1"，第二个从机设备填写"2"，依此类推。设置效果如图4-9所示，单击"确认"按钮完成从机的添加。

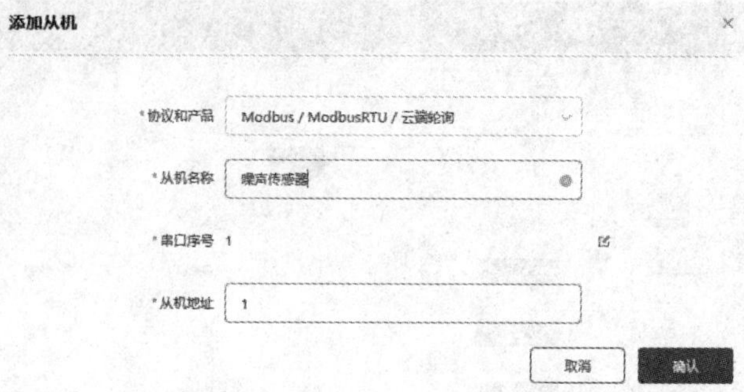

图4-9　添加从机

（3）添加变量。

在"设备模板列表"中单击"+添加"变量按钮，弹出"添加变量"对话框。将变量名称设置为"噪声值"，寄存器选择"4"选项，值设为"1"，数据格式栏选择"16位无符号"选项，采集频率选择"1分钟"选项，存储方式勾选"全部存储"复选框，读写方式选中"只读"单选按钮。在"高级选项"栏中，将采集公式设置为"%s/10"。设置效果如图4-10所示，单击"确认"按钮完成变量的添加。

图4-10　添加变量

若要添加其他传感器等设备，可以通过重复操作添加从机、添加变量来实现。最后在"设备模板列表"页面中单击"保存"按钮保存当前设备模板，如图4-11所示。

知识链接：采集公式

　　设备上行数据经采集公式计算后显示。公式中的%s为占位符，是固定字段。具体的操作如下。

　　加：%s+10；减：%s-10；乘：%s*10；除：%s/10；余数：%s%10。

图4-11　保存设备模板信息

4）添加设备

在云平台左侧菜单栏中选择"设备管理"选项，在下拉列表中选择"添加设备"选项，打开"添加设备"页面，将设备名称设置为"多模链路器"，项目分组选择"噪声监测系统/我的分组"选项，SN可以按实际情况自行进行填写（可查看设备背面或包装盒上的标签），如图4-12所示。

图4-12　添加设备（SN模式）

本次任务所针对的是没有SN的设备，可单击SN输入框旁边的"SN不支持，点这里"的链接，跳到如图4-13所示的"ID模式"页面。设备ID由系统自动生成，也可以通过单击"编辑ID"链接自行设置ID号，通信密码可采用"账号默认通信密码"，也可以通过单击"修改密码"链接自行设置密码。云组态默认为"打开"状态。单击"高级选项"按钮，设备位置默认设置为"手动定位"。

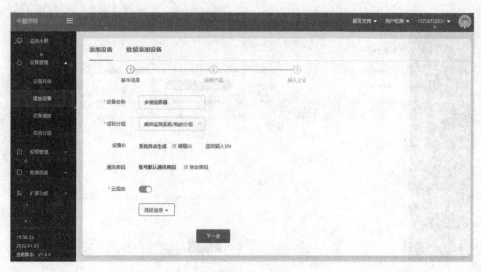

图4-13　添加设备（ID模式）

知识链接：物联网设备的身份标识

  SN 是 Serial Number 的缩写，也叫 SerialNo，即产品序列号。产品序列是为了验证"产品的合法身份"而引入的一个概念，是用来保障用户的正版权益，享受合法服务的；一套正版的产品只对应一组产品序列号。SN 码的别称有机器码、认证码、注册申请码等。

  MAC 地址是一个用来确认网络设备的地址。在 OSI 模型中，第三层网络层负责 IP 地址，第二层数据链路层则负责 MAC 地址。MAC 地址用于在网络中唯一标识一个网卡，一台设备若有一或多个网卡，则每个网卡都需要并会有一个唯一的 MAC 地址。

  IMEI（International Mobile Equipment Identity）是国际移动设备识别码的缩写。俗称"手机串号"或 "手机串码"或"手机序列号"，用于在 GSM 移动网络中识别每一部独立的手机，相当于手机的身份证号码。IMEI 码适用于 GSM 和 WCDMA 制式的移动电话和铱星卫星电话，而 CDMA 手机采用 MEID 码，与 IMEI 码有所区别。全球每一部通过正规渠道销售的 GSM 手机均有唯一的 IMEI 码。IMEI 码由 GSMA 协会统一规划，并授权各地区组织进行分配，在中国由工业和信息化部电信终端测试技术协会（TAF）负责国内手机的入网认证，其他分配机构包括英国 BABT、美国 CTIA 等。

  ID：物联网的身份标识，可用于唯一标识设备的标识符。ID 是英文 IDentity 的缩写，是身份标识号码的意思，就是一个序列号，也叫账号，是一个编码，而且是唯一的，用来标识事物的身份，针对某一具体事物，在同一系统中其 ID 号是不变的，至于到底用哪个数字来标识该事物，由系统设计者制定的一套规则来确定，这个规则有一定的主观性，如员工的工号、身份证号码、计算机的网址、端口号、运算指令、网卡的物理地址和逻辑地址。

　　单击"下一步"按钮后，在"选择产品"页面中选择"已有模板"标签，在已有模板列表中选择之前已经成功创建的"多模链路器模板"选项，单击"确认添加"按钮，如图4-14所示。

图4-14　配置设备模板信息

　　操作完成后，页面上会呈现多模链路器的设备ID（SN）和通信密码信息，读者可将信息复制保存，以便于后续设备配置时使用。单击"完成"按钮，完成设备添加，如图4-15所示。

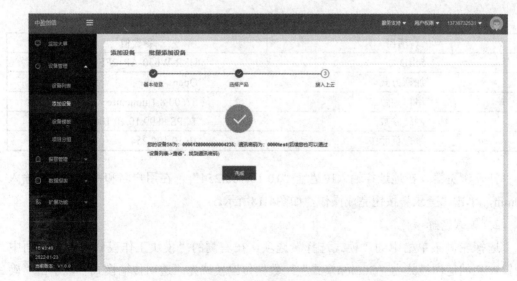

图4-15　设备ID及密码信息

2.多模链路器配置

1）连接多模链路器

在计算机中连接多模链路器设备的WiFi，SSID 为 USR-W630-AP_2FE0，如图4-16所示。

图4-16 多模链路器设备的WiFi

根据多模链路器参数信息表（见表4-1），先将计算机网卡的IP地址设为10.10.100.11（其中的11，可用0～253中的任何一个数代替），单击"确定"按钮，如图4-17所示。

表4-1 多模链路器默认参数信息表

项目	参数值
SSID	USR-W630-AP_2FE0
加密方式	Open，none
串口参数	57600,8,1,none,nfc
网络参数	TCPS,8899,10.10.100.254
管理页面IP	10.10.100.254

打开浏览器，在地址栏输入IP地址"10.10.100.254"，在用户名和密码框中均输入admin，单击"登录"按钮完成操作，如图4-18所示。

2）模式选择

选择左侧菜单栏中的"模式选择"选项，在右侧的"模块工作模式设置"页面中设置WiFi的运作模式为"Station模式"，数据传输模式为"透明传输模式"，单击"确定"按钮，如图4-19所示。

注意： 内置网页设置参数，必须单击"确定"按钮保存，否则无效。

3）无线接入点设置

选择左侧菜单栏中的"无线接入点设置"选项，在右侧的"无线接入点设置"页面中将网络名称（SSID）设置为USR_W630_3D20，加密模式设置为WPA2-PSK，加密算法设置为TKIP，密码设置为"12345678"。配置完参数后，单击"确定"按钮，如图4-20所示。

知识链接：AP 模式和 STA 模式

　　AP 模式：无线接入点模式，是一个无线网络的中心节点，用户使用的无线路由器就是一个 AP，其他无线终端（如手机、扫地机器人等）都可以通过连接 AP（无线路由器）进行相互通信。

　　STA 模式：无线站点模式，是一个无线网络的终端，如笔记本电脑、iPad 等。

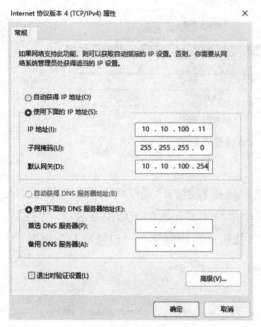

图4-17　计算机IP地址设置

图4-18　登录"多模链路器"管理页面

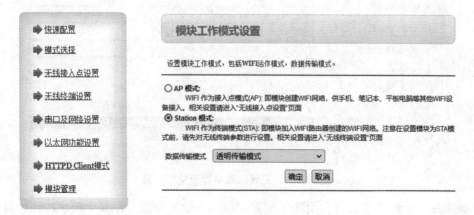

图4-19　"模块工作模式设置"页面

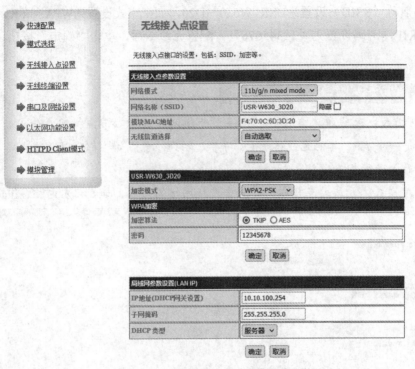

图4-20 "无线接入点设置"页面

4）无线终端设置

选择左侧菜单栏中的"无线终端设置"选项，在右侧的"无线终端设备"页面中配置"无线终端参数设置"，如图4-21所示。其中模块需要接入的无线网络名称（SSID）设置为ITS_IOT_GW24WFA630，单击"确定"按钮，页面跳转至"设置成功"页面。

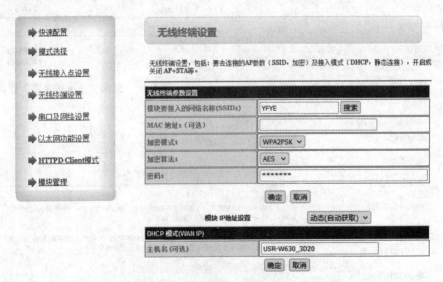

图4-21 "无线终端参数设置"页面

继续在"无线终端设置"页面中配置"模块IP地址设置"，其中模块IP地址设置为"动态（自动获取）"，单击"确定"按钮，跳转至"设置成功"页面。

5）串口及网络设置

（1）串口参数设置。

在"串口及网络协议设置"页面中设置"串口参数"。其中，波特率设置为"9600"（根据系统数据传输需求进行选择），数据位设置为"8"，校验位设置为None，停止位设置为"1"，操作如图4-22所示。配置完参数后，单击"确定"按钮。

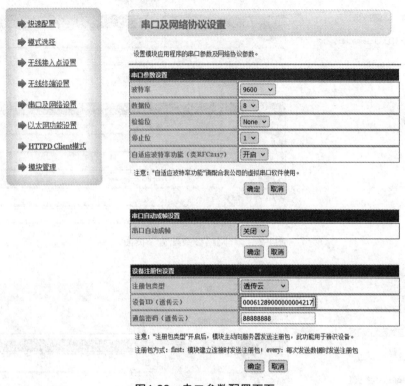

图4-22 串口参数配置页面

（2）设备注册包设置。

在"串口及网络协议设置"页面中配置"设备注册包设置"。其中注册包类型设置为"透传云"，在设备ID（透传云）框和通信密码（透传云）框中分别填入添加设备时生成的设备ID（SN）和通信密码，操作如图4-22所示。配置完参数后，单击"确定"按钮。

（3）网络参数设置。

在"快速配置"页面中配置"网络参数设置"。其中网络模式设置为Client，协议设置为TCP，端口设置为"15000"，服务器地址设置为iot.intransing.net，配置完参数后，单击"确定"按钮，如图4-23所示。

6）以太网功能设置

在"快速配置"页面中设置"以太网功能"，可以根据实际链路器接线"开启"网口，"网口1"的工作方式设置为"WAN口"，方便后续连接路由器。操作如图4-24所示。配置完参数后，单击"确定"按钮。

图4-23　"网络参数配置"页面

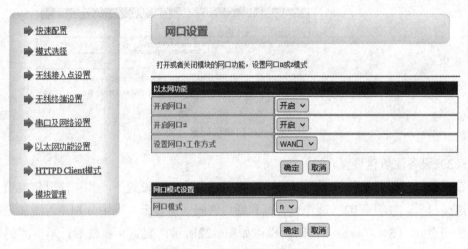

图4-24　以太网功能设置页面

7）模块管理

继续在"模块管理"页面中设置"重启模块"。单击"重启"按钮，如图4-25所示。

3．噪声监测系统云平台设备上线检测

1）查看设备状态

登录中盈创信物联网云平台：https://iot.intransing.net，在云平台左侧菜单栏中选择"设备管理"选项，在列表中选择"设备列表"选项，打开设备列表页面，查看设备状态为"在线"，完成配置，如图4-26所示。

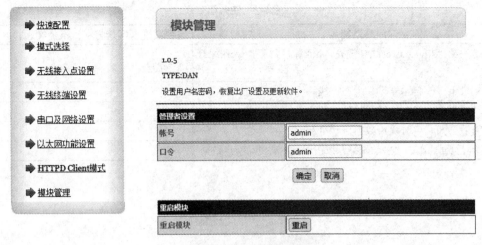

图4-25　设备重启页面

图4-26　设备状态

2）噪声数据查看

在设备列表页面，单击"数据查看"按钮，在弹出的设备概况页面中查看当前值，也可以单击"主动采集"按钮来采集最新值，如图4-27所示。

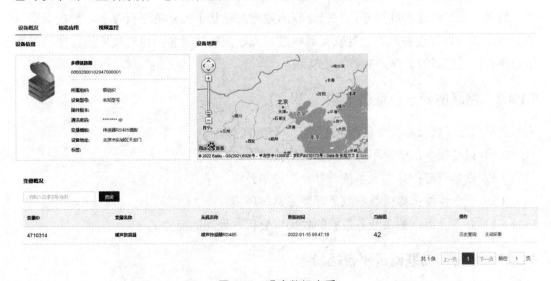

图4-27　噪声数据查看

根据表4-2的要求进行逐项检查，并做好相应的记录。

表4-2　任务检查表

功能	是否实现（实现打√，不能实现打×）
多模链路器上电，power红灯常亮，link绿灯常亮，work绿灯闪亮	
设备列表上多模链路器设备状态在线	
数据查看页面，当前值显示的噪声值	
数据查看页面，实时噪声数据自动更新	
数据查看页面，单击"主动采集"按钮后，主动更新噪声数据	

4.1.4　知识提炼

4.1.4.1　物联网云平台概念

云是对互联网的形象比喻，云计算就是分布在互联网上的多个服务器利用效用计算、负载均衡、并行计算、网络存储、热备份冗杂和虚拟化等多种计算机技术综合而成的分布式计算系统。云计算分为三种类型：IaaS、PaaS、SaaS。

IaaS（Infrastructure as a Service）即基础架构作为服务，是云计算的最底层，云计算公司主要提供一些最基础的网络虚拟硬件资源，用户可以在这些虚拟资源上选择和订制操作系统及应用程序。

PaaS（Platform as a Service）即平台作为服务。云计算公司将应用程序的开发和部署平台作为服务提供给用户，用户可以在这个平台上开发自己的应用。

SaaS（Software as a Service）即软件作为服务，云计算公司通常将应用软件部署在云上，用户通过软件来使用云的一种交互方式。

物联网云平台是物联网平台与云计算的融合，是基于PaaS的平台服务，解决海量设备上网，多种协议设备之间的互联互通问题，既连接感知设备，也对接应用程序，以数据为核心，通过资源共享，实行万物互联。

4.1.4.2　物联网云平台业务架构

物联网云平台核心业务如图4-28所示，分为四类。

（1）设备接入：解决不同协议设备的接入。

（2）设备管理：异构设备统一管理、控制升级。

（3）业务使能：提供数据业务开发工具与环境。

（4）业务分析：解决业务数据的收集、分析、处理的能力。

4.1.4.3　常见的物联网云平台场景

物联网经过多年的发展，基于物联网技术形成的应用，已经遍布人们生产生活的方方面面，下面简单介绍一下物联网技术应用的常见场景。

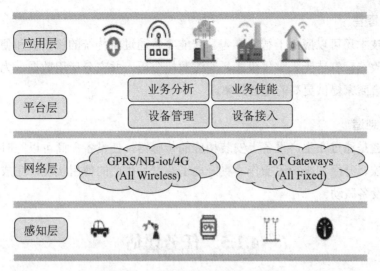

图4-28　物联网云平台核心业务

1. 智慧安防

智能安防是通过门禁、报警和监控等设备，对信息数据进行收集、传输与存储，并对数据进行分析与处理，实现智能安防快速设备联动和决策。物联网技术的使用，智能安防能够准确、及时、快速地保障人们的安全。

2. 智慧物流

智慧物流是以物联网、大数据、人工智能等信息技术为依托，在物流的仓储、运输、配送等各环节实现环境感知、全面分析及联动处理等功能。通过物联网技术实现对物品的监测和车辆的监测，包括物品的位置、状态和温湿度，车辆的油耗及车速等，物联网技术的使用能提高运输效率，提升整个物流行业的智能化水平。

3. 智慧农业

智慧农业是利用物联网、人工智能、大数据等技术与农业生产的融合，实现农业生产全过程信息感知、设备管理和场景应用的一种新型的农业生产方式，可实现农业信息可视化、远程控制以及防灾消害的作用。

4. 智慧能源

智慧能源属于智慧城市的一个重要组成，将物联网技术应用于传统的水、电、光能设备进行联网，通过监测，提升利用效率，减少能源损耗。主要集中在水表、电表，燃气表等能源计量和管理，解决智能水、电、气表远程抄表计量和计费问题。

5. 智能家居

智能家居指的是使用物联网技术来改造环境，使居家生活变得更加舒适、安全和高效。物联网应用于智能家居领域，能够对家居类产品的位置、状态、变化进行监测，分析其变化特征，实现设备联动。

6.智能零售

物联网技术还可以应用于智能零售。智能零售通过将传统的售货机和便利店进行数字化升级、改造，打造无人零售模式。通过数据分析，并充分运用数据，为用户提供更好的体验，给商家提供更高的经营效率。

7.智能制造

智能制造是通过在生产设备上安装相应的传感器，使设备厂商可以随时随地对传感设备进行监控、升级和维护等操作，更好地了解产品生产的使用状况，完成产品信息收集和快速的设备联动。

4.1.5　任务评估

检查内容	检查结果	满意率		
线槽是否安装牢固，且线槽盖板是否盖好	是□　否□	100%□	70%□	50%□
噪声监测系统硬件设备安装是否牢固	是□　否□	100%□	70%□	50%□
噪声监测系统线路连接是否正确	是□　否□	100%□	70%□	50%□
多模链路器工作是否正常	是□　否□	100%□	70%□	50%□
PC端与多模链路器通信是否正常	是□　否□	100%□	70%□	50%□
云平台与多模链路器通信是否正常	是□　否□	100%□	70%□	50%□
数据查看页面，噪声当前值显示是否正常	是□　否□	100%□	70%□	50%□
数据查看页面，实时噪声数据能否定期自动更新	是□　否□	100%□	70%□	50%□
数据查看页面，单击"主动采集"按钮后，主动更新噪声数据	是□　否□	100%□	70%□	50%□

4.1.6　拓展练习

▶ 理论题：

1. 物联网云平台属于云计算服务模型中（　　）层的一部分，起源于物联网中间件的形式，其目的是在硬件层和应用层之间起到中介作用，管理二者之间的所有交互。

A. QaaS   B. IaaS

C. PaaS   D. SaaS

2. 在云平台中，基础设施即服务是（　　）。

A. QaaS   B. IaaS

C. PaaS   D. SaaS

3. 在云平台中，软件即服务是（　　）。

A. QaaS   B. IaaS

C. PaaS   D. SaaS

4. 属于物联网云平台核心业务是（　　）。

A. 设备接入能力　　　　　　　　　　B. 设备管理能力

C. 业务使能　　　　　　　　　　　　D. 业务分析

5. 下列属于物联网应用场景的是（　　）。

A. 智慧农业　　　　　　　　　　　　B. 智慧交通

C. 智能制造　　　　　　　　　　　　D. 智慧农业

▶▶ 操作题：

将温湿度传感器添加到物联网云平台，并实现主动采集温湿度数据。

4.2 任务2 工业物联网数据可视化应用

4.2.1 任务描述

数据可视化就是将大量的数据构建成数据图像，数据的各个属性值通过多维数据图像的形式呈现，用户可以通过不同的维度观察分析数据。组态作为物联网云平台数据显示的重要方式，目的也是为了用户可以更加简单地实现云平台数据可视化。现要求工业物联网实施人员小苏根据任务工单要求，以组件为基础，通过灵活的布局和简单的配置实现组件的设计与交互，用图形化搭建的方式完成可视化页面的构建与开发。

任务实施之前，需要认真研读任务工单，了解所要使用的设备和信息，充分做好实施前的准备工作。

任务实施过程中，首先根据线路图要求完成硬件设备的安装与线路连接；然后根据设备的功能、性能要求，设置设备的技术参数；最后，根据实际应用需求，构建物联网可视化页面，并进行功能测试。实践过程中要体现严谨细致的工作态度，把每一个细节都考虑得周密、严谨、细致。

任务实施之后，进一步理解数据可视化的意义与形式，掌握数据的可视化方法。

4.2.2 任务工单与准备

4.2.2.1 任务工单

任务名称	工业物联网数据可视化应用					
负责人姓名	苏××		联系方式	135××××××××		
实施日期	2020年×月×日		预计工时	150min		
工作场地情况	室内，空间约60m²，水电已通，已装修，能连接外网					
工作内容						
设备选型	设备	型号	产品图片	设备	型号	产品图片
	多模链路器	ITS-IOT-GW24WEA_v1.2.0		开关电源	DR-60-24	
	噪声采集器	Zs7001-RS485		断路器	NXBLE-32-C32	

设备选型	单相电子式电能表	DDSU666	

	工序	工作内容	时间安排
	①	噪声监测系统设备布局及安装	30min
	②	工业物联网组态设计	40min
进度安排	③	设备参数配置	20min
	④	物联网云平台设备上线	20min
	⑤	物联网云平台上噪声数据实时采集	20min
	⑥	独立组态的设计优化与运行	20min
结果评估（自评）	完成 □　基本完成 □　未完成 □　未开工 □		
情况说明			
客户评估	很满意 □　满意 □　不满意 □　很不满意 □		
客户签字			
公司评估	优秀 □　良好 □　合格 □　不合格 □		

4.2.2.2　任务准备

1. 明确任务要求

本次任务是通过物联网链路器（DTU），将物联网感知器件、控制设备、执行器件连接到指定云平台上。能够根据传感器上传的数据特点，选择合适的数据可视化形式，完成组态页面设计，从而实现物联网云平台数据可视化。噪声控制要求为当环境噪声超过50dB时，报警灯闪烁报警。云平台可以实时监控环境噪声现状与报警灯等设备的工作情况。

2. 检查环境、设备

（1）确认工作环境安全，排除用电安全隐患。

（2）对照系统设计图检查设备是否正确安装、连接。

（3）检测网络是否畅通，设备是否在线。

（4）检测物联网链路器是否正常。

3. 安排好人员分工和时间进度

本任务可以安排一名设备调试员进行操作，预计用时150min。其中，预计使用30min安装噪声监测系统设备，使用40min完成工业物联网组态设计，使用20min完成设备参数配置，使用20min完成物联网云平台设备上线，使用20min完成物联网云平台上噪声数据的实时采集，使用20min完成独立组态的设计优化与运行。

4.2.3 任务实施

4.2.3.1 登录物联网云平台

在计算机上打开浏览器，在地址栏输入中盈创信物联网云平台的网址：https://iot.intransing.net。操作用户可以向项目管理员索取分配的账号、密码，根据提示分别填入相应的文本框中。确保账号、密码正确的情况下，单击"立即登录"按钮，可以快速进入主页面，如图4-29所示。

图4-29　"中盈创信物联网云平台"主页面

4.2.3.2 创设独立组态

1. 添加独立组态

进入云平台之后，在页面左侧的"组态管理"栏中选择"独立组态"选项；在打开的"独立组态"页面的右上角单击"添加"按钮，弹出"添加独立组态"对话框，如图4-30所示。

图4-30　"独立状态"页面

在弹出的"添加独立组态"对话框中的"组态名称"文本框中输入"环境噪声监测"，在"所属组织"列表框选择"根组织"选项，在"组态描述"文本框中输入"噪声"，单击"保存"按钮完成独立组态信息填写操作，如图4-31所示。

图4-31　"添加独立组态"对话框

返回到"独立组态"页面，此时"独立组态"页面中多了一个"环境噪声监测"组态，如图4-32所示。

图4-32　添加新组态后的"独立组态"页面

知识链接：组态和组态软件

组态可以通俗地理解为"配置""设定""设置"等含义，简单而言，就是用户通过类似"搭积木"的简单方式完成自己所需要的软件功能，而不需要专门编写计算机程序，有时也称为"二次开发"。

所谓组态软件是指利用编程工具，通过简单、形象的组态工作而实现，具有良好的人机界面和综合应用开发功能，集数据库、历史库、控制操作和运行监视为一体的多任务信息处理系统。组态软件能够实现自动化过程和装备的监视和控制。能从自动化过程和装备中采集各种信息，并将信息以图形化等更易于理解的方式呈现，将重要的信息以各种手段传递到相关人员，对信息执行必要的分析处理和存储及发出控制指令等。

2. 组态编辑

通过设置页面、添加元件、配置元件三个环节完成组态编辑。

1）设置页面

判断所编辑的组态页面是要在PC端呈现，还是在手机端呈现，本任务选择默认的PC端页面，配置页面尺寸为默认值"1920×1080"。可以将图片作为背景，单击"上传图片"右边的"图片"按钮，上传图片；也可以单击"画布背景颜色"右边的颜色框，选择合适的颜色，如选择"FFFFCC"选项，单击"应用"按钮确认。

可按同样的方法设置页面背景颜色，也可选择默认颜色。对于需要保密的数据，还可以通过设置页面密码来增强安全性。单击"设置密码"按钮，弹出"设置密码"对话框，输入密码即可，如图4-33所示。

2）添加元件

将元件库中的"矩形"基本元件、"计量器"图表元件和"数据曲线图"分别拖曳至画布，如图4-34所示。

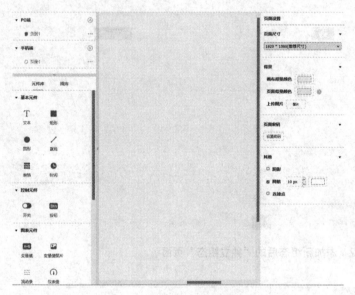

图4-33 设置页面

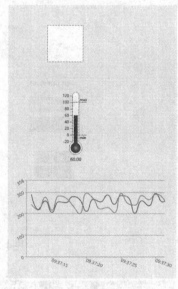

图4-34 添加元件

3）配置元件

配置所添加的元件。

（1）矩形元件。

选择画布中的矩形元件，双击进入文本编辑状态，在矩形内输入"环境噪声监测"，再次单击矩形元件，在右侧配置栏选择"样式"选项卡，通过"位置和尺寸"参数调整矩形在画布中的位置和尺寸，起始点坐标设置为"X:460px;Y:60px"，矩形大小尺寸设置为"W:480px;H:100px"；也可以通过在画布上拖曳矩形元件控制点的方式直观地进行调整。

可通过文本参数调整文字的字体为"微软雅黑"，字号为"50px"，颜色值为

"#000000"，通过外观中的背景颜色来调整文字背景的颜色，如"#99CCFF"，如
图4-35所示。

（2）计量器。

选择画布中的计量器元件，进入计量器元件编辑状态，在右侧配置栏选择"数据"
选项卡。根据联网设备实际情况设置数据源参数，类型设置为"联网设备"，组织设置
为"根组织"，设备设置为iot424T，从机设置为"噪声"，变量设置为"噪声值"，展
示类型选择"温度计"选项，最小刻度设置为"0"，最大刻度设置为"100"，动效勾
选"闪烁"复选框，如图4-36所示。

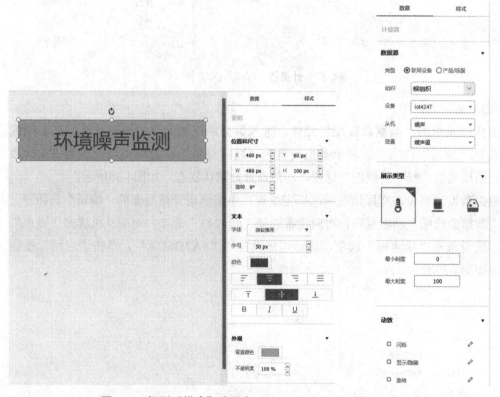

图4-35　矩形"样式"选项卡　　　　图4-36　计量器"数据"选项卡

在右侧配置栏选择"样式"选项卡，通过位置和尺寸参数调整计量器在画布中
的位置和尺寸，起始点坐标设置为"X:600px;Y:210px"，计量器大小尺寸设置为
"W:200px;H:200px"；也可以通过在画布上拖曳计量器元件控制点的方式直观地进行
调整。

通过"文本"参数调整文字格式，字体为默认值"微软雅黑"，字号设置为
"12px"，颜色值设置为"#000000"。外观中的"液位颜色""边框颜色""填充颜
色""背景颜色"均为默认值，如图4-37所示。

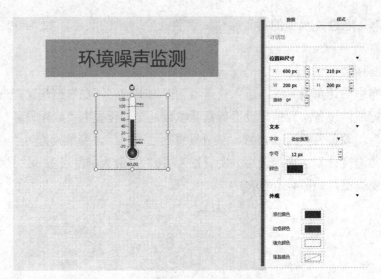

图4-37 计量器"样式"选项卡

（3）数据曲线图。

选择画布中的"数据曲线图"元件，进入数据曲线图元件的编辑状态，在右侧配置栏选择"数据"选项卡。展示类型设置为"联网设备"，数据类型设置为"实时数据"，图形类型选择"折线图"选项，动效设置为默认状态，如图4-38所示。

根据数据采集设备实际情况编辑绑定变量，单击绑定变量后面的"编辑"按钮✎，弹出"数据曲线图"功能窗口，对应设备选择"iot424T"选项，对应从机选择"噪声"选项，变量选择"噪声值"选项，展示颜色设置为"#A2D6DA"，单击"应用"按钮确认，如图4-39所示。

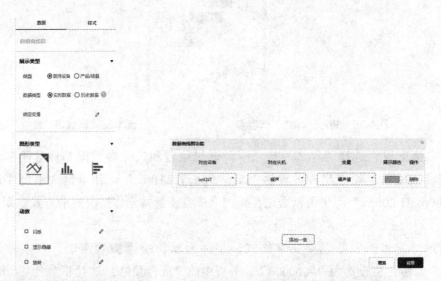

图4-38 编辑数据曲线图数据选项卡　　　　图4-39 数据曲线图绑定变量

在右侧配置栏选择"样式"选项卡，通过"位置和尺寸"参数调整数据曲线图在画布中的位置和尺寸，起始点坐标设置为"X:450px;Y:430px"，数据曲线图大小尺寸设置为"W:500px;H:350px"；也可以通过在画布上拖曳数据曲线图元件控制点的方式直观地进行调整。外观中的"背景颜色""坐标值颜色""坐标颜色""不透明度"均为默认值，如图4-40所示。

　　组态设计编辑完成后，单击顶部工具栏中的"保存"按钮，保存组态，如图4-41所示。

图4-40　编辑数据曲线图样式选项卡

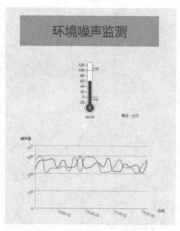

图4-41　独立组态效果

3．运行独立组态

1）报警配置

　　将图库中的"指示灯"拖曳至画布合适位置。选择画布中的指示灯元件，进入指示灯元件编辑状态，在右侧配置栏选择"数据"选项卡，如图4-42所示。

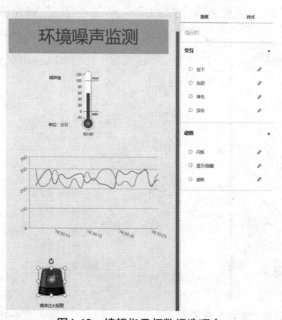

图4-42　编辑指示灯数据选项卡

　　在数据选项卡中，单击"动效"栏的"闪烁"按钮。将类型设置为"联网设备"，组织设置为"根组织"，设备设置为"iot424T"，从机设置为"噪声"，变量设置为

"噪声值",设置触发闪烁的变量值范围为"50～100",单击"应用"按钮完成设置,如图4-43所示。

图4-43 编辑闪烁设置

2)设备联动

设备联动的设置步骤如下。

步骤1 添加元件。将元件库中的"控制"元件拖曳至画布中数据曲线图下面。选择画布中的"开关"元件,在"数据"选项卡中配置数据源,将类型设置为"联网设备",组织设置为"根组织",设备设置为"iot424T",从机设置为"控制器",变量设置为"out1",如图4-44所示。

步骤2 配置功能参数。单击状态设置栏的"编辑"按钮,弹出"开关功能"窗口,开启状态值设为"1",关闭状态值设为"0",单击"应用"按钮确认,如图4-45所示。

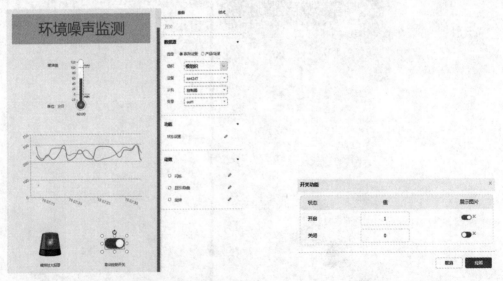

图4-44 编辑开关"数据"选项卡   图4-45 开关功能

步骤3 呈现效果。返回"独立组态列表"页面,单击独立组态"环境噪声监测"界面中的"运行"按钮,弹出环境噪声监测组态的运行效果图,如图4-46所示。

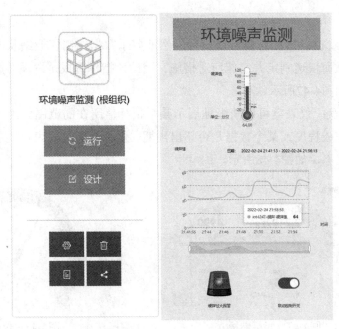

图4-46　独立组态运行效果

4.2.4　知识提炼

数据可视化是借助图形化手段，将数据以图形或图像的形式呈现出来，并进行交互处理的技术。数据可视化的实质是清晰有效地传达与沟通信息，使通过数据表达的内容更容易被理解。

4.2.4.1　数据可视化的意义

物联网云平台提供以表格形式查询数据的方式，但对于需要通过分析数据去发现业务特性，如分析趋势、增长对比等场景，单纯的表格已无法满足需求，需要进行数据可视化才能支持类似场景。物联网云平台提供可视化模块，可以让用户更容易地通过数据分析业务，辅助进行业务决策。

通过物联网云平台把业务数据实时同步到数据库中，再基于数据库构建可视化，可实时观察设备运行状态，衔接各环节，对比检测异常情况，处理关键环节问题，满足不同的应用场景需求。

数据可视化是使用可视化技术的方式来分析并展示数据，帮助用户通过图形化的界面轻松搭建专业水准的可视化应用，满足用户数据分析、业务监控、风险预警、地理信息分析等多种业务的展示需求。

4.2.4.2　数据可视化的形式

根据数据展示目的不同，需要采用不同的数据展示形式，一般分为6种类型。

1. 指标类

（1）指标看板：指标看板可以一目了然地展示数据或销售业绩状况，方便用户及时掌握现状，从而快速制定并实施应对措施。因此，指标看板是发现并解决问题的有效地方法之一，如图4-47所示。

（2）仪表盘：仪表盘可以清晰地展示某个指标值所在的范围。用户可以直观地查看当前任务的完成程度或某个数据是否超出预期。例如，通过仪表盘展示某一类商品的销售任务完成状态，如图4-48所示。

图4-47 指标看板　　　　　　　　图4-48 仪表盘

2. 趋势类

（1）线图：线图适用于分析数据随时间变化的趋势。例如，分析商品销量随时间的变化，预测未来的销售情况，如图4-49所示。

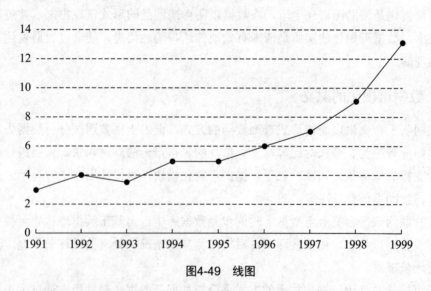

图4-49 线图

（2）面积图：面积图可用来展示在一定时间内数据的趋势走向以及所占的面积比例，如图4-50所示。

3. 比较类

（1）柱图：柱图可以展示每项数据在一段时间内的趋势及数据间的比较情况。例如，柱图可以比较不同地区的订单金额和利润金额，如图4-51所示。

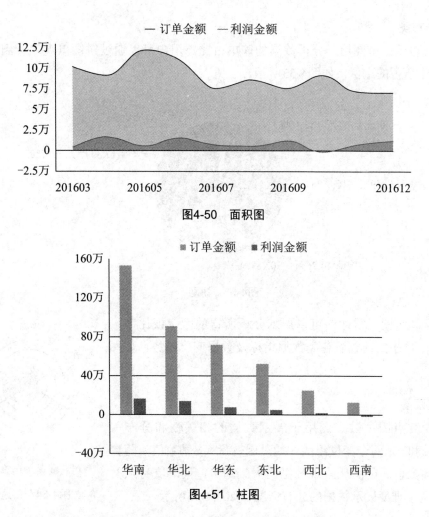

图4-50　面积图

图4-51　柱图

（2）条形图：条形图适合用于展示二维数据集，展示数据的分布情况，其中一个轴表示需要对比的分类维度，另一个轴代表相应的数值，例如，水平轴展示订单金额，垂直轴展示不同区域，如图4-52所示。

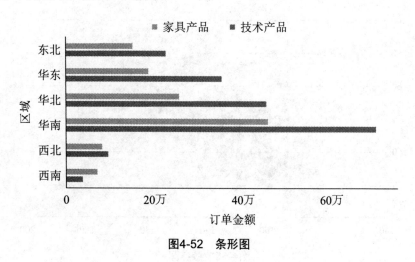

图4-52　条形图

4．分布类

（1）饼图：饼图用于分析数据的简单占比，用户可以通过饼图直观地看到每一部分在整体中所占的比例，如图4-53所示。

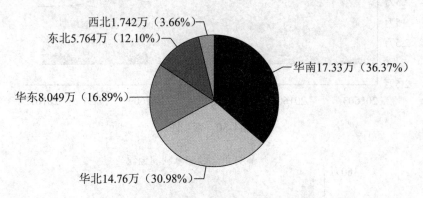

图4-53　饼图

（2）雷达图：雷达图可以展示分析所得的数字或比率，用户能够一目了然地查看各类数据指标及数据变化趋势，如图4-54所示。

5．关系类

（1）散点图：散点图用于展示数据的相关性和分布关系，由X轴和Y轴两个变量组成。通过因变量（Y轴数值）随自变量（X轴数值）的变化呈现数据的大致趋势，同时支持从类别和颜色两个维度展示数据的分布情况，如图4-55所示。

图4-54　雷达图

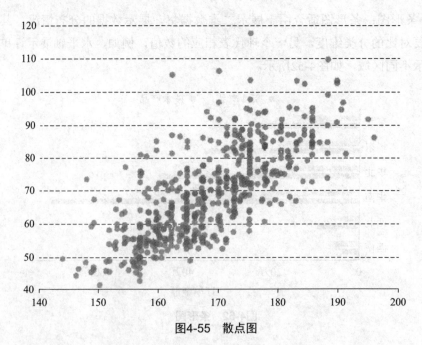

图4-55　散点图

（2）漏斗图：漏斗图可以分析具有规范性、周期长和环节多的业务流程。通过漏斗图比较各环节业务数据，能够直观地发现问题。漏斗图还可以展示各步骤的转化率，适用于业务流程多的流程分析，例如，通过漏斗图可以清楚地展示用户从简历数量到入职人数的最终转化率，如图4-56所示。

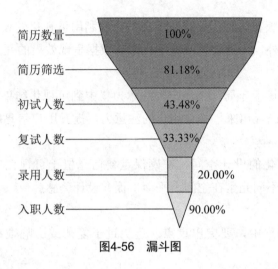

图4-56　漏斗图

6．空间类

（1）气泡地图：气泡地图以一个地图轮廓为背景，用附着在地图上的气泡来反映数据的大小，还可以直观地显示国家或地区的相关数据、指标大小和分布范围。例如，气泡地图可以展示各地的运输成本，如图4-57所示。

（2）色彩地图：色彩地图用色彩的深浅来展示数据的大小和分布范围，如图4-58所示。

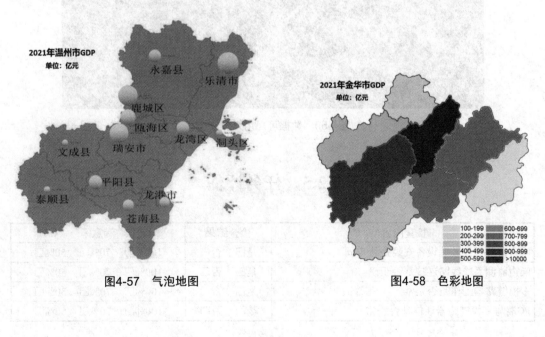

图4-57　气泡地图　　　　　　　　　　图4-58　色彩地图

4.2.4.3　数据可视化的设计

在确定了数据产品某个具体页面的数据指标、业务指标的重要性和关注度，以及数据展现的逻辑思路和层次结构之后，就需要通过可视化设计来传达数据信息的重点，进行数据的可视化表达。

在进行可视化排版布局时，要重点突出；合理利用可视化的设计空间，保证页面元素的对称和平衡；此外，还需要删减或弱化影响数据呈现效果的冗余元素。

（1）聚焦。

应该通过适当的排版布局，将用户的注意力集中到可视化结果中最重要的区域，从而将重要的数据信息凸显出来，抓住用户的注意力，提升用户信息解读的效率。

（2）平衡。

要合理利用可视化的设计空间，在确保重要信息位于可视化空间视觉中心的情况下，保证整个页面的不同元素在空间上平衡，提升设计美感。

（3）简洁。

在可视化整体布局中，要突出重点，避免过于复杂或影响数据呈现效果的冗余元素，如图4-59所示。

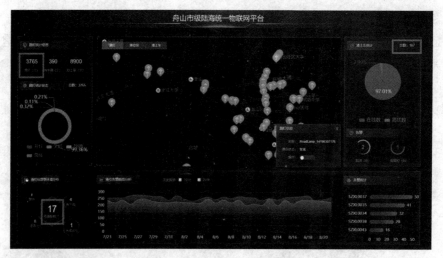

图4-59　数据可视化大屏设计

4.2.5　任务评估

检查内容	检查结果	满意率		
噪声监测系统硬件设备安装是否牢固	是□　否□	100%□	70%□	50%□
噪声监测系统线路连接是否正确	是□　否□	100%□	70%□	50%□
多模链路器工作是否正常	是□　否□	100%□	70%□	50%□
PC端与多模链路器通信是否正常	是□　否□	100%□	70%□	50%□

检查内容	检查结果	满意率		
云平台与多模链路器通信是否正常	是□　否□	100%□	70%□	50%□
云平台组态布局设计是否合理	是□　否□	100%□	70%□	50%□
云平台组态数据源配置是否正确	是□　否□	100%□	70%□	50%□
云平台组态效果是否更新噪声数据	是□　否□	100%□	70%□	50%□

4.2.6　拓展练习

▶ **理论题：**

1.（　　）适用于分析数据随时间变化的趋势。

A. 指标看板　　　　　　　　　　B. 仪器盘

C. 线图　　　　　　　　　　　　D. 饼图

2.（　　）用于分析数据的简单占比，用户可以很直观地看到每一部分在整体中所占的比例。

A. 指标看板　　　　　　　　　　B. 仪器盘

C. 线图　　　　　　　　　　　　D. 饼图

3.（　　）用于展示数据的相关性和分布关系，由X轴和Y轴两个变量组成。

A. 散点图　　　　　　　　　　　B. 雷达图

C. 气泡地图　　　　　　　　　　D. 色彩地图

4.（　　）以一个地图轮廓为背景，用附着在地图上的气泡来反映数据的大小，还可以直观地显示国家或地区的相关数据指标大小和分布范围。

A. 散点图　　　　　　　　　　　B. 雷达图

C. 气泡地图　　　　　　　　　　D. 色彩地图

5.（　　）用色彩的深浅来展示数据的大小和分布范围。

A. 散点图　　　　　　　　　　　B. 雷达图

C. 气泡地图　　　　　　　　　　D. 色彩地图

▶ **操作题：**

选用合适的数据可视化形式，设计温湿度监测的组态页面。

4.3 任务3 OneNET云平台应用

4.3.1 任务描述

OneNET云平台定位为PaaS服务，即在物联网应用和真实设备之间搭建高效、稳定、安全的应用平台。现要求OneNET实施人员小苏根据任务工单要求，通过MQTT协议将有人云的DTU的G771接入OneNET物联网平台，快速实现简单的物联网应用。

任务实施之前，需要认真研读任务工单，了解所要使用的设备和信息，充分做好实施前的准备工作。

任务实施过程中，首先根据线路图要求完成硬件设备的安装与线路连接；然后根据设备的功能、性能要求，设置多模链路器的技术参数；最后，根据实际应用需求，配置物联网云平台，并进行功能测试。实践过程要体现严谨细致的工作态度，把每一个细节都考虑得周密、严谨、细致。

任务实施之后，进一步认识OneNET物联网云平台的功能和MQTT协议。

4.3.2 任务工单与准备

4.3.2.1 任务工单

任务名称	OneNET云平台应用					
负责人姓名	苏××		联系方式	135×××××××××		
实施日期	2022年×月×日		预计工时	150min		
工作场地情况	室内，空间约60m²，水电已通，已装修，能连接外网					
	工作内容					
设备选型	设备	型号	产品图片	设备	型号	产品图片
	DTU	ITS-DTU-G771		开关电源	DR-60-24	
	USB转485转换器	USB-RS485		断路器	NXBLE-32-C32	

设备选型	单相电子式电能表	DDSU666			
	工序	工作内容			时间安排
	①	OneNET云平台账号注册和登录			20min
	②	OneNET云平台产品参数配置			30min
进度安排	③	OneNET云平台设备参数配置			20min
	④	G771参数配置			30min
	⑤	OneNET云平台设备上线调试			30min
	⑥	测试后的调整与优化			20min
结果评估（自评）	完成 □　基本完成 □　未完成 □　未开工 □				
情况说明					
客户评估	很满意 □　满意 □　不满意 □　很不满意 □				
客户签字					
公司评估	优秀 □　良好 □　合格 □　不合格 □				

4.3.2.2　任务准备

1. 明确任务要求

本次任务主要介绍如何使用MQTT协议，将G771连接到OneNET云平台上，从而实现物联网设备的管理和数据采集。开发流程主要由云平台产品参数配置、云平台设备参数配置、G771设备端配置及云平台设备上线配置等几部分组成。通过本节学习，开发者能熟悉OneNET云平台的功能以及云平台开发的大致流程。

2. 检查环境、设备

（1）确认工作环境安全，排除用电安全隐患。

（2）对照系统设计图检查设备是否正确安装、连接。

（3）检测网络是否畅通，设备是否在线。

（4）检测G711是否正常。

3. 安排好人员分工和时间进度

本任务可以安排一名设备调试员进行操作，预计用时150min。其中，预计使用20min完成OneNET云平台账号注册和登录，使用30min完成OneNET云平台产品参数配置，使用20min完成OneNET云平台设备参数配置，使用30min完成G771参数配置，使用30min完成OneNET云平台设备上线调试，使用20min完成测试后的调整与优化。

4.3.3　任务实施

4.3.3.1　注册登录

在计算机上打开浏览器，在地址栏中输入OneNET云平台的网址https://open.iot.10086.cn/，如图4-60所示。

图4-60　OneNET云平台

注册账号是使用OneNET平台的功能和服务的前提。在OneNET注册的账号适用于OneNET体系的所有服务，操作者需如实填写信息并进行认证。

单击首页右上角的"注册"按钮，进入注册账号界面，填写用户名、用户密码、有效手机号码，单击"获取验证码"按钮，查看并输入短信验证码完成注册，操作界面如图4-61所示。

注册完成后，自动回到主页，通过右上角的"登录"按钮进入登录界面。

图4-61　OneNET物联网云平台账号注册

确保账号、密码、验证码都正确的情况下，单击"立即登录"按钮，如图4-62所示，可以快速进入OneNET物联网云平台的主页面。

登录OneNET物联网平台，主页面如图4-63所示。单击右上角"控制台"按钮，进入OneNET控制台页面。

图4-62　OneNET物联网云平台登录页面

图4-63　OneNET物联网云平台主页面

在OneNET控制台首页，单击"全部产品服务"按钮，在打开的窗口中选择"基础服务"下的"多协议接入"选项，如图4-64所示。

图4-64　全部产品服务

进入"多协议接入"页面，添加产品默认协议为MQTT协议，如图4-65所示。

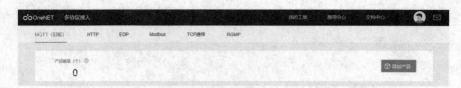

图4-65 多协议接入页面

4.3.3.2 创建产品

1. 产品信息填写

在多协议接入页面中，单击"添加产品"超链接，弹出"添加产品"信息页面，如图4-66所示。

图4-66 添加产品页面

在该页面中，按照提示填写产品的基本信息。产品名称框中输入DTU；产品类别选择"其他"；联网方式选择"移动蜂窝网络"；设备接入协议选择MQTT；操作系统选择"无"；网络运营商选择"其他"，最后单击"确定"按钮，完成产品创建。

知识链接：多协议业务模型

多协议接入服务支持各种网络环境以及多种协议接入方式，具体协议的业务模型以及适用场景推荐使用的协议如表4-3所示。

表4-3　接入协议对比

接入协议	设备侧适用特点	平台侧提供功能	典型适用行业
EDP	需要设备上报数据到平台；需要实时接收控制指令；有充足的电量支持设备保持在线；需要保持长连接状态	存储设备上报的数据点；下发应用实时、离线自定义数据或命令；下发固件更新地址通知；提供数据推送到应用；数据推送到应用	共享经济、物流运输、智能硬件等场景
MQTT	需要设备上报数据到平台；需要实时接收控制指令；有充足的电量支持设备保持在线；需要保持长连接状态；M2M场景	存储设备上报的数据点；下发应用实时、离线自定义数据或命令；下发固件更新地址通知；提供数据推送到应用；基于topic的消息订阅/发布（仅MQTT）	共享经济、物流运输、智能硬件、M2M等多种场景
HTTP	只上报传感器数据到平台；无须下行控制指令到设备	存储设备上报的数据点；提供API接口实现设备管理；提供数据推送到应用	简单数据上报场景
Modbus	设备类型主要是基于TCP的DTU；DTU下挂设备为标准Modbus协议通信设备	自定义配置采集命令以及采集周期；存储设备上报的数据点；下发自定义Modbus命令；数据推送到应用	使用Modbus+DTU进行数据采集的行业
TCP透传	保持长连接；双向通信；用户自定义通信数据格式	支持上传自定义的脚本解析自定义数据；存储设备上报的数据点；支持自定义命令下发；支持数据推送到应用	用户自定义数据协议；简单控制类场景，如共享单车、共享按摩椅

2. 产品详情查看

产品创建完成之后，返回到"产品概况"页面。查看产品详情，记录产品ID，如图4-67所示。

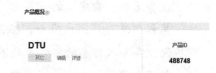

图4-67　产品ID

4.3.3.3　添加设备

创建产品之后系统会提示"立即添加设备"信息，即进入添加设备页面。也可以通过选择左侧的"设备列表"选项，进入"设备列表"页面，如图4-68所示。

图4-68　"设备列表"页面

在设备管理页面中，单击"添加设备"按钮，弹出"添加设备"页面，默认为添加单个设备，在设备名称框中输入G771；在鉴权信息框中输入666666，数据保密性选择"私有"选项。然后单击"确认"按钮，即完成平台上一个设备的添加，如图4-69所示。

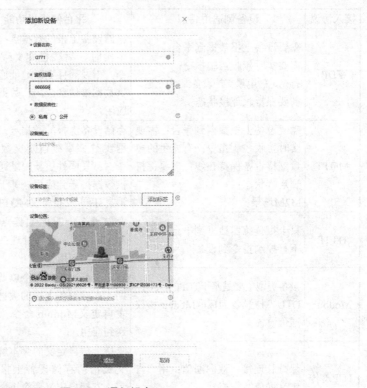

图4-69　添加设备

知识链接：添加设备的参数说明

设备名称：自定义的设备名称可重复；长度为 1 ～ 64 个字。

鉴权信息：产品内唯一，推荐使用产品序列号，可作为设备登录参数之一，不同协议设备鉴权信息的参数可能不一致；内容为 1 ～ 512 个英文或数字。

数据保密性：私有，不能将该设备的数据通过轻应用编辑器分享、展示给其他用户，公开则可以展示，必填项，默认为私有。

设备描述：自定义设备描述信息，选填项。

设备标签：在 API 查询时可以作为分类参数；长度为 1 ～ 8 个字，最多 5 个标签。

设备位置：通过页面单击或搜索确定一个设备位置，平台作为静态信息存储；选填项。

创建完成一个设备后，自动返回到"设备列表"页面。这时在设备列表中就多了一个设备，该设备名称为G771，且设备状态为"未激活"，如图4-70所示。

图4-70　"设备列表"页面

注意： 目前OneNET有新版旧版之分，该案例以旧版为例，新版登录后请切换到旧版，新版中用"控制台"代替了原来的"开发者中心"。

4.3.3.4　网关配置

打开浏览器，在地址栏输入"https://www.usr.cn/Download/939.html"，下载G771设备配置软件"USR-CAT1_V1.0.7"，如图4-71所示。

Cfg.ini　　　　lang.txt　　　　USR-CAT1 V1.0.7.exe

图4-71　G771设备配置软件

1. 串口设置

将G771装上SIM卡和天线，通过USB转RS-485/RS-232转换器连接计算机，然后给模块供电，选好串口号，且打开串口，如图4-72所示。

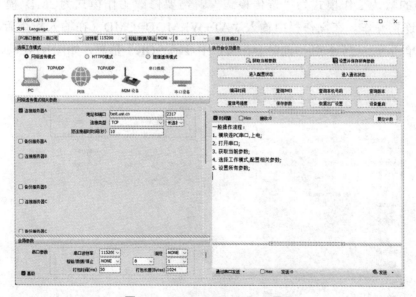

图4-72　USR-CAT1_V1.0.7界面

2. 配置状态设置

单击"进入配置状态"按钮进入"配置状态"页面，如图4-73所示。

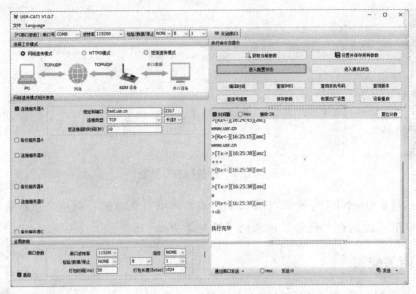

图4-73 "配置状态"页面

3. 指令配置

（1）修改工作模式。

进入配置状态后，如果 DTU 处于 CMD 模式下，DTU 将能接收并处理AT 指令。AT 指令为"问答式"指令，分为"问"和"答"两部分。"问"是指设备向 DTU 发送"AT"命令，"答"是指 DTU 给设备回复信息。

DTU的默认工作模式为"透传模式"，需要修改工作模式为CMD 模式来支持MQTT的连接操作。在操作栏中输入"AT+WKMOD=CMD（在输入指令后，按回车键）"，单击"发送"按钮，此时会在窗口中显示"OK"信息，如图4-74所示。

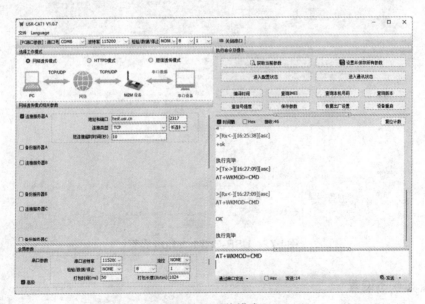

图4-74 透传模式

AT 指令说明：

- 功能——查询 / 设置工作模式。
- 命令格式——AT+WKMOD=<mode>。
- 参数——Mode（工作模式）：
  - >NET：透传模式（默认）。
  - >CDM：指令模式。
  - >HTTPD：HTTPD 模式。
  - >SMS：短信透传模式。

指令工作模式的修改需要及时保存参数并重启。在操作栏中输入"AT+S（在输入指令后，按回车键）"，单击"发送"按钮，此时窗口会显示"OK"信息，如图4-75所示。

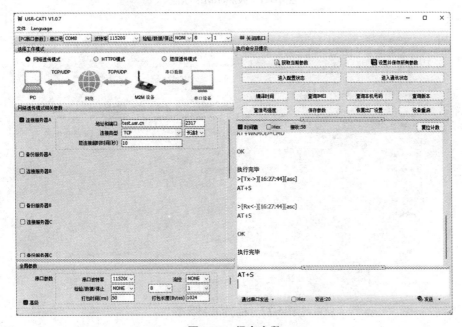

图4-75 保存参数

（2）手动驻网。

DTU在CMD工作模式下不会自动驻网，需要手动驻网。等待模块重启后，通过AT指令配置DTU联网。在操作栏中输入"AT+CPIN?（输入指令后，按回车键）"，单击"发送"按钮，此时窗口会显示"OK"信息，如图4-76所示。

检测DTU是否已在网络上注册，成为GSM的一个节点。在操作栏中输入"AT+CREG?（在输入指令后，按回车键）"，单击"发送"按钮，此时窗口会显示"+CREG 1:1 OK"信息，如图4-77所示。

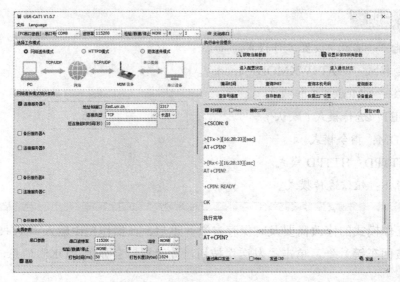

图4-76 检测SIM卡状态

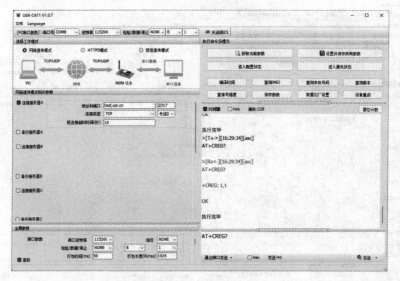

图4-77 检测GSM状态

AT 指令说明

- 功能：查询联网注册状态。
- 命令格式：AT+CREG?。
- 命令响应 (Response):+CREG 1:1。
- 参数说明：

  >0：禁止网络注册主动提供结果代码（默认设置）。

  >1：允许网络注册主动提供结果代码：+CREG:

  >2：启用网络注册和位置信息，非请求结果码 +CREG: [,,]

如果注册网络后，没有自动附着GPRS，可以手动去附着。在操作栏中输入"AT+CGATT=1（在输入指令后，按回车键）"，单击"发送"按钮，此时窗口会显示"OK"信息，如图4-78所示。

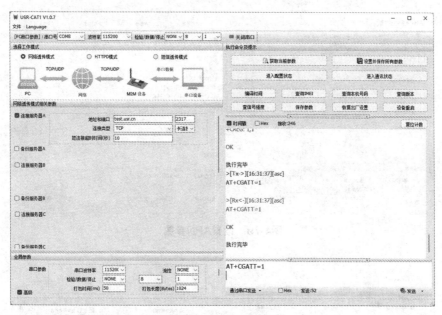

图4-78　设置网络附着

AT 指令说明

- 功能：设置分离/附着网络。
- 命令格式：AT+CGATT=n。
- 参数说明：

>n=0 去附着网络，分离 GPRS，但保留 GSM。

>n=1 已附着网络，一般注册上运营商，附着 GPRS 都是自动进行的，使用 CGATT 命令可以手动附着网络。

（3）APN参数设置（APN卡）。

APN卡上网，需要设置APN参数（普卡省略）。在操作栏中输入"AT+CFGDFTPDN=3,0,"CMNET", " ", " "（在输入指令后，按回车键）"，单击"发送"按钮，此时窗口会显示"OK"信息，如图4-79所示。

（4）PDP上下文设置（APN卡）。

APN卡（普卡省略）使用PDP（Packet Data Protocol）传输数据，需要为其建立一个背景，所以需设置PDP上下文。在操作栏中输入"AT+CGDCONT=1,"IPV4V6","CMNET"（在输入指令后，按回车键）"，单击"发送"按钮，此时窗口会显示"OK"信息，如图4-80所示。

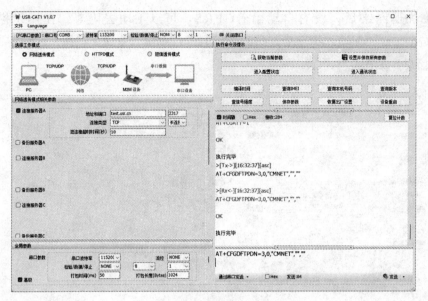

图4-79 设置APN参数

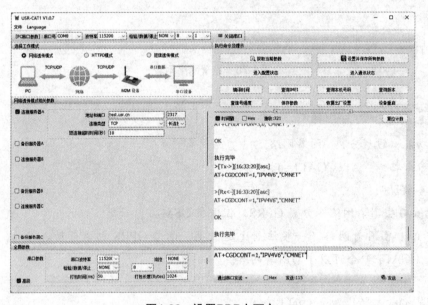

图4-80 设置PDP上下文

（5）启动配置。

配置完成相关设置后，还要启用当前配置。在操作栏中输入"APNAT+CSTT（在输入指令后，按回车键）"，单击"发送"按钮，此时窗口会显示"OK"信息，如图4-81所示。

（6）激活网络。

网络使用前需要激活网络，在操作栏中输入"AT+CGACT=1,1（在输入指令后，按回车键）"，单击"发送"按钮，此时窗口会显示"OK"信息，如图4-82所示。

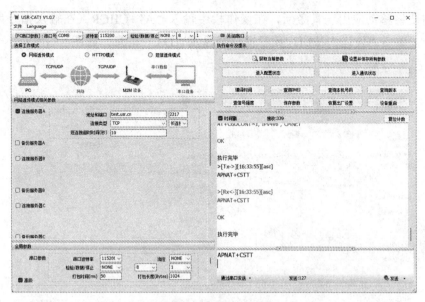

图4-81　启用当前配置

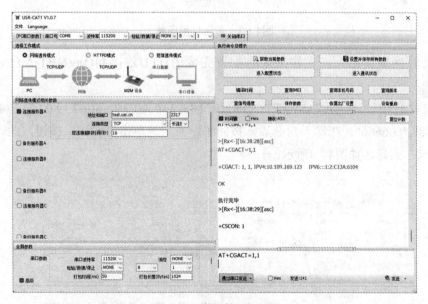

图4-82　激活第1路网络

AT 指令说明

- 功能：激活或解除 PDP 服务。
- 命令格式：AT+CGACT=1,n。
- 参数说明：

  >n=0，解除。

  >n=1，激活。

还需要将移动应用场景激活，在操作栏中输入"AT+CIICR（在输入指令后，按回车键）"，单击"发送"按钮，此时窗口会显示"OK"信息，如图4-83所示。

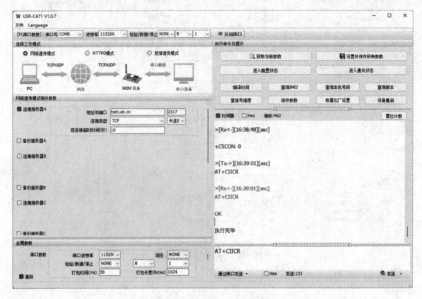

图4-83 激活应用场景

手动驻网操作已完成，接下来将配置完成的DTU连接到OneNET平台MQTT服务器。

在操作栏中输入"AT+MQTTCONN="183.230.40.39",6002,"891732746",120,1,"488748","666666"（在输入指令后，按回车键）"，单击"发送"按钮，此时窗口会显示"OK"信息，如图4-84所示。

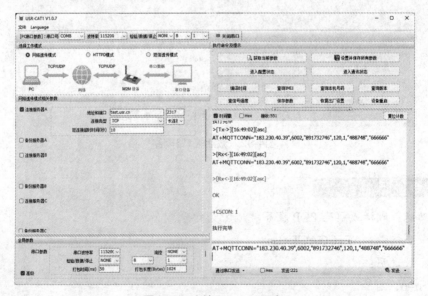

图4-84 连接OneNET平台

知识链接：AT 指令

•命令格式：AT+MQTTCONN= 服务器地址，端口号，客户端 ID，MQTT 连接保活时间，对话清理标志，用户名，密码。

•参数如下。

> 服务器地址：mqtt.heclouds.com（由平台提供）。

> 端口号：6002（由平台提供）。

> 客户端 ID：设备 ID，在云平台的设备列表可查看。

> 用户名：产品 ID，在产品概述界面可查看。

> 密码：鉴权信息，在设备列表——详情可查看。

返回OneNET物联网云平台，查看设备状态，设备状态为"在线"，说明已配置正确，如图4-85所示。

图4-85　设备状态在线

4．创建数据流模板

设备上线后，在设备列表页面，单击ID号为891732746设备后面的数据流链接，如图4-86所示。

图4-86　"数据流展示"页面

在弹出的"数据流展示"页面中，单击"数据流模板管理"按钮，进入"数据流模板管理"页面，再单击"添加数据流模板"按钮，如图4-87所示。

图4-87 "数据流模板管理"页面

在弹出的"添加数据流模板"页面中，数据流名称框内输入noise，单位名称输入"分贝"，单位符号输入dB，最后单击"确定"按钮完成操作，如图4-88所示。

图4-88 "添加数据流模板"页面

自动返回"数据流模板"页面，页面中多了一行名称为noise的数据流模板，如图4-89所示。

图4-89 更新后的"数据流模板"页面

5. 上传数据及下发命令

数据信息可以通过传感设备上传，这里将使用多协议MQTT模拟器（MQTT

simulate-device.exe）工具软件来代替，实现数据的查看及命令下发。下载多协议MQTT simulate-device.exe模拟器工具软件的地址为 "https://open.iot.10086.cn/doc/v5/develop/detail/688"，找到多协议MQTT模拟器单击下载，如图4-90所示。

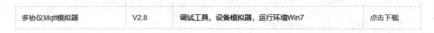

多协议Mqtt模拟器	V2.8	调试工具，设备模拟器，运行环境Win7	点击下载

图4-90 多协议MQTT模拟器下载

打开MQTT simulate-device.exe工具软件，在DeviceID项输入"设备ID"（OneNET云平台上设备列表可查看），在ProductID项输入"产品ID"（在产品概述界面可查看），在AuthInfo项输入 "鉴权信息"（在设备列表可查看详情），在ServerAddr栏输入183.230.40.39（由OneNET云平台提供MQTT服务器地址），在Port栏输入6002 （由OneNET云平台提供端口号），其他为默认设置，单击Connect按钮连接云平台。单击"[OneNet]上传数据点"选项，数据类型选择"数据类型3：Json数据2"，在"Json数据"项中输入"{ " noise " :68}"，其他设置为默认，单击"上传数据"按钮，如图4-91所示。

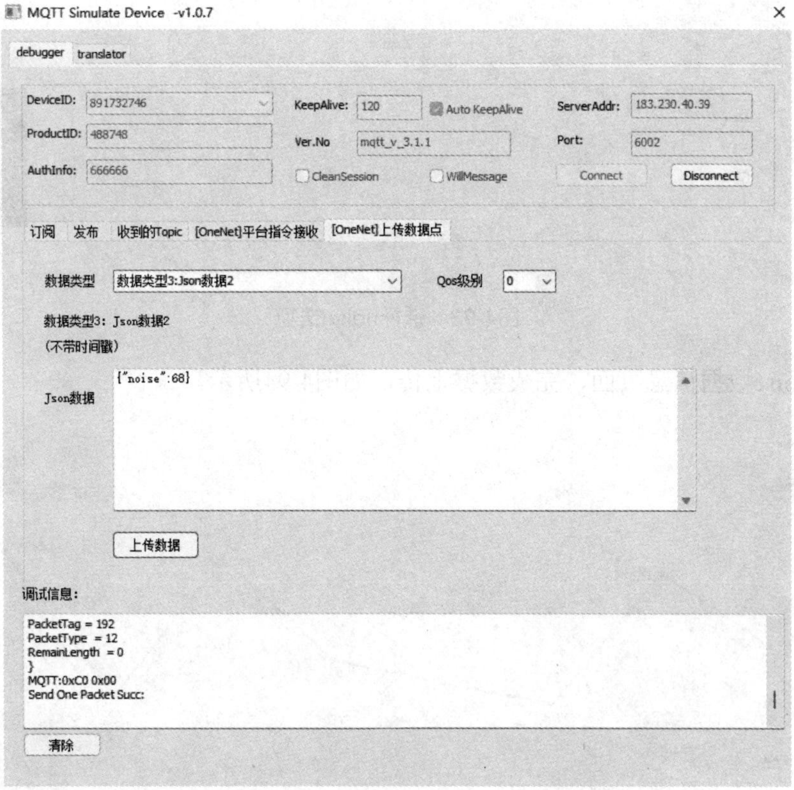

图4-91 MQTT simulate-device上传数据点

返回设备列表管理页面，在设备名称为G771的设备行，单击"数据流"按钮，如图4-92所示。

图4-92　设备列表数据流

在弹出"数据流展示"页面中选择noise选项，如图4-93所示。

图4-93　选择noise选项

弹出noise数据信息页面，完成数据上传，如图4-94所示。

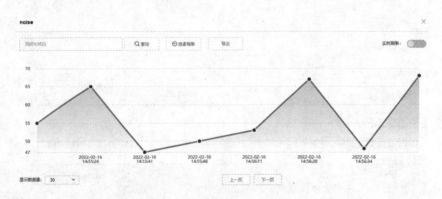

图4-94　noise数据信息显示

返回"设备列表"页面，在"设备ID"所在行单击"更多操作"按钮，在下拉列表中选择"下发命令"选项，如图4-95所示。

图4-95 "更多操作"列表

在弹出的"下发命令"管理页面中单击"下发命令"按钮,创建新的命令,如图4-96所示。

图4-96 "下发命令"管理页面

弹出"下发命令"编辑页面,选中"字符串"单选按钮,在文本框中输入"收到数据",最后单击"发送"按钮完成命令下发,如图4-97所示。

图4-97 命令发送

回到MQTT simulate-device工具软件,单击"[OneNet]平台指令接收"按钮,显示收到数据,完成命令接收,如图4-98所示。

图4-98　指令接收

4.3.3.5　MQTT 测试

下载安装MQTT.fx软件进行MQTT测试，下载网址为http://mqttfx.jensd.de/index.php/download。

打开MQTT.fx软件，界面如图4-99所示。

图4-99　MQTT.fx软件界面

执行Extras→ Edit Connection Profiles命令，弹出"编辑连接"窗口，如图4-100所示。

在"编辑连接"窗口的Profile Name框（可自定义）中输入OneNetMQTT，Profile Type 框（默认）中选择MQTT Broker选项。从OneNET云平台上获取信息设置MQIT基本情况：Broker Address框中输入MQTT服务器

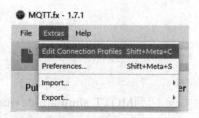

图4-100　"编辑连接"菜单项

地址 "183.230.40.39"；Broker Port框中输入MQTT服务器端口号 "6002"；Client ID 框中输入MQTT设备ID "891732746"。单击User Credentials按钮后弹出两个文本框，在User Name框中输入MQTT产品ID "488748"，在Password框中输入MQTT鉴权信息 "666666"。编辑完毕后单击"保存"按钮退出编辑界面，如图4-101所示。

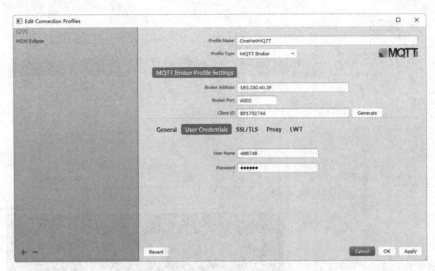

图4-101　"编辑连接"界面

在主界面的下拉框中选择刚才配置的Profile Name名称，即OneNetMQTT，然后单击Connect按钮进行服务连接。连接成功后，再选择Subscribe选项，在下方的下拉框中创建一个 topic，然后单击 Subscribe按钮，如图4-102所示。

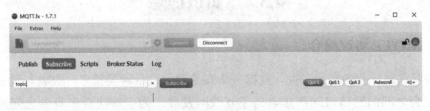

图4-102　订阅主题

再回到Publish（发布）选项，在下拉框中选择或创建一个topic（与Subscribe订阅选项中一样的topic）。在下方的输入区域写上要发送的消息Hello，然后单击Publish按钮，如图4-103所示。

图4-103　发布消息

最后回到Subscribe（订阅）选项中查看消息是否接收成功。发现已经成功接收到发布者发送的消息Hello，如图4-104所示。

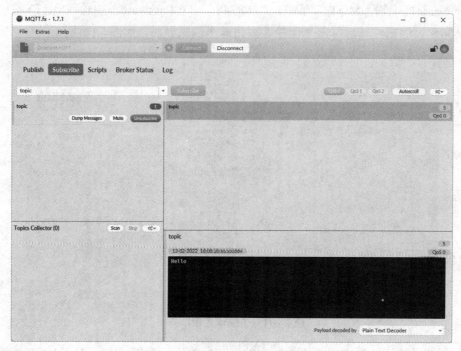

图4-104　查看是否接收到订阅信息

4.3.4　知识提炼

4.3.4.1　MQTT 协议简介

随着互联网行业的高速发展，数据采集和管理的设备种类繁多，设备与设备之间，设备与平台之间的通信问题严重阻碍了互联网发展。为了解决众多设备之间的通信问题，提出了物联网（IoT）的概念（基于某些功能的单个网络中设备的组合或特性）在该网络中，设备通过各种接口和通信协议彼此互联互通。

将物联网概念应用到工业实现时，各种具有自己的协议和硬件的工业设备如何实现相互通信？MQTT可解决这类问题，如图4-105所示。

MQTT（Message Queuing Telemetry Transport，消息队列遥测传输协议）是一种基于客户端/服务器结构（Client/Server，简称C/S）和消息发布/订阅模式（publish/subscribe）的"轻量级"通信协议。

轻量、简单、开放的MQTT协议支持所有平台，几乎可以把所有联网设备连接起来。MQTT协议应用的范

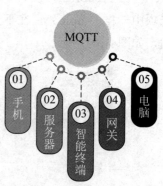

图4-105　MQTT协议的应用

围非常广泛，如在M2M系统（机器对机器）和IoT系统（工业物联网）中使用。

还有一种协议变体MQTT-SN，用于传感器网络的MQTT，以前称为MQTT-S，其设计用于不支持TCP/IP网络的嵌入式无线设备，例如ZigBee。

4.3.4.2　MQTT 协议的特性

MQTT协议专为受限设备和低带宽、高延迟或不可靠的网络而设计，因此MQTT协议具备以下几项主要特性。

（1）开放。

MQTT是基于TCP/IP的应用层协议。物联网设备的互联互通，就必须要连接到互联网，而互联网的基础网络协议是 TCP/IP，MQTT 协议是基于 TCP/IP 协议构建的，规定了如何组织数据字节并通过 TCP/IP 网络传输，使用 TCP/IP 提供网络连接，就可以将几乎所有联网设备连接起来，如图4-106所示。

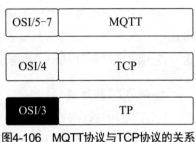

图4-106　MQTT协议与TCP协议的关系

主流的MQTT是基于TCP连接进行数据传输的，但是同样还有基于UDP的版本，叫做MQTT-SN。

（2）轻量。

MQTT协议的消息可拆分为固定头部+可变头部+消息体。固定长度的头部是 2 字节，协议交换最小化，以降低网络流量，这就是其非常适用于物联网领域的通信的重要原因。

（3）安全。

可以对消息订阅者接收到的内容有所屏蔽。

（4）可靠。

使用Last Will和Testament特性通知有关各方客户端异常中断的机制，确保通信过程信息的可靠。

Last Will：遗言机制，用于通知同一主题下的其他设备发送遗言的设备已经断开了连接。

Testament：遗嘱机制，功能类似于Last Will。

4.3.4.3　MQTT 协议的原理

1. MQTT协议实现方式

实现MQTT协议需要客户端和服务器端通信完成。在通信过程中，MQTT协议中有三种身份：发布者（publisher）、代理（broker）、订阅者（subscriber）。其中，消息的发布者和订阅者都是客户端，代理是服务器，消息发布者可以同时是订阅者。

MQTT传输的消息分为主题（topic）和负载（payload）两部分。

（1）topic，可以理解为消息的类型，订阅者订阅（subscribe）后，就会收到该主题的负载。

（2）payload，可以理解为消息的内容，是指订阅者具体要使用的内容。

2．网络传输与应用消息

MQTT会构建底层网络传输，建立客户端到服务器的连接，提供两者之间的一个有序的、无损的、基于字节流的双向传输。

当应用数据通过MQTT网络发送时，MQTT会把与之相关的服务质量（QoS）和主题名（topic）相关连。

3．MQTT客户端

MQTT客户端是一个使用MQTT协议的应用程序或者设备，总是建立到服务器的网络连接。客户端可以发布其他客户端可能会订阅的信息；订阅其他客户端发布的消息；退订或删除应用程序的消息；断开与服务器连接。

4．MQTT服务器

MQTT服务器称为消息"代理"，可以是一个应用程序或一台设备，位于消息发布者和订阅者之间，可以接受来自客户的网络连接；接受客户发布的应用信息；处理来自客户端的订阅和退订请求；向订阅的客户转发应用程序消息。

5．MQTT协议中的订阅、主题、会话

（1）订阅。

订阅包含主题筛选器（topic filter）和最大服务质量（QoS）。订阅会与一个会话（session）关联。一个会话可以包含多个订阅。每个会话中的每个订阅都有一个不同的主题筛选器。

（2）会话。

每个客户端与服务器建立连接后就是一个会话，客户端和服务器之间有状态交互。会话可以存在于一个网络之间，也可能在客户端和服务器之间跨越多个连续的网络连接。

（3）主题名（topic name）。

主题名是连接到一个应用程序消息的标签，该标签与服务器的订阅相匹配。服务器会将消息发送给订阅所匹配标签的每个客户端。

（4）主题筛选器。

主题筛选器是对主题名通配符进行筛选，在订阅表达式中使用，表示订阅所匹配到的多个主题。

（5）负载。

消息订阅者具体接收的内容。

（6）MQTT协议中的方法。

MQTT协议中定义了一些方法（也被称为动作）用来表示对确定资源所进行的操作。这个资源可以代表预先存在的数据或动态生成的数据，这取决于服务器的实

现。通常资源指服务器上的文件或输出。主要方法包括：connect：等待与服务器建立连接；isconnect：等待MQTT客户端完成所做的工作，并与服务器断开TCP/IP会话；subscribe：等待完成订阅；unsubscribe：等待服务器取消客户端的一个或多个topic的订阅；publish：MQTT客户端发送消息请求，发送完成后返回应用程序线程。

6. MQTT协议（QoS）中的服务质量

发送消息时，MQTT支持三个级别的服务质量（QoS）。

（1）QoS=0，最多一次。

最小的等级就是0，在此级别上，发布者最多只向接收者发送一条消息，并且不等待任何响应，即使这条消息不被接收者接收，也不会被发布者存储并再发送。发布者只发送一次，而且"即发即弃"，接收者可能收到一次消息或者没有收到（即最多一次），如图4-107所示。

（2）QoS=1，至少一次。

此等级保证信息会被接收者至少接收一次。发布者会存储发送的消息，将消息发送两次甚至更多，直到发布者收到一次接收者收到消息的应答。接收者可能收到一次消息甚至多次（即至少一次），如图4-108所示。

图4-107　最多一次　　　　　　　　　　图4-108　至少一次

（3）QoS=2，恰好一次。

此级别会确保每个消息都只被接收到一次，是最安全也是速度最慢的服务等级。发布者发送PUBLISH消息后存储消息，如果接收者接收到了一个PUBLISH消息，它将通过PUBREC消息向发布者确认。当发布者接收到PUBREC时，就丢弃存储的消息，保存PUBREC并且回复PUBREL。当接收端接收到PUBREL，就丢弃所有该包的存储状态并回复PUBCOMP。当发送端接收到PUBCOMP时也会做同样的处理。确保接收者收到一次消息而且只有一次（即恰好一次），如图4-109所示。

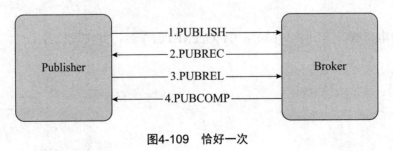

图4-109　恰好一次

4.3.5　任务评估

检查内容	检查结果	满意率		
OneNET云平台产品参数是否配置正确	是□　否□	100%□	70%□	50%□
OneNET云平台设备参数是否配置正确	是□　否□	100%□	70%□	50%□
G771参数是否配置正确	是□　否□	100%□	70%□	50%□
OneNET云平台设备是否上线	是□　否□	100%□	70%□	50%□

4.3.6　拓展练习

▶▶ 理论题：

1. TCP协议处在OSI网络模型中第（　　）层。

A. 3　　　　　　　　　　　　　　B. 4

C. 5　　　　　　　　　　　　　　D. 6

2. MQTT协议的主要特性有（　　）。

A. 高带宽　　　　　　　　　　　　B. 跨平台

C. 高性能　　　　　　　　　　　　D. 低兼容

3. MQTT协议中有三种身份（　　）（多选）。

A. Publisher　　　　　　　　　　　B. Broker

C. Subscriber　　　　　　　　　　D. Topic

4. 发送消息时，MQTT消息发送服务质量（QoS）等级最高的是（　　）。

A. 最多一次　　　　　　　　　　　B. 至少一次

C. 至少二次　　　　　　　　　　　D. 恰好一次

5. 下列属于MQTT协议应用场景的是（　　）。

A. 智慧农业　　　　　　　　　　　B. 智慧交通

C. 智能制造　　　　　　　　　　　D. 智慧农业

▶▶ 操作题：

将无线串口服务器USR-W630添加到OneNET云平台，并实现设备上线。

4.4 项目总结

1. 任务完成度评价表

任务	要求	权重	分值
工业物联网云平台基础配置	能够根据任务工单和系统设计图的要求，完成噪声监测系统硬件设备安装和线路连接；能够实现PC端和多模链路器之间、云平台与多模链路器之间正常通信；能够实现噪声数据的主动采集、正确显示和定期自动更新	30	
工业物联网数据可视化应用	能够根据任务工单和系统设计图的要求，完成噪声监测系统硬件设备安装和线路连接；能够设置多模链路器使其正常工作；能够实现PC端和多模链路器之间、云平台与多模链路器之间正常通信；能够合理设计云平台组态布局，配置数据源，能实现噪声等数据的可视化应用	30	
OneNET云平台应用	能够根据任务工单的要求，配置OneNET云平台和相关设备、G771参数，实现云平台设备上云	30	
总结与汇报	呈现项目实施效果，做项目总结汇报	10	

2. 总结反思

项目学习情况：

心得与反思：

271